高校『大思政课』建设研究

郭亮◎著

文化发展出版社
Cultural Development Press
·北京·

图书在版编目（CIP）数据

高校“大思政课”建设研究 / 郭亮著. —北京：文化发展出版社，2024. 12. —ISBN 978-7-5142-4596-7

Ⅰ. G641

中国国家版本馆CIP数据核字第2025DK4958号

高校“大思政课”建设研究

郭亮　著

责任编辑：袁兆英　　　　责任校对：侯　娜
责任印制：邓辉明　　　　封面设计：中尚图
出版发行：文化发展出版社（北京市翠微路 2 号　邮编：100036）
网　　址：www.wenhuafazhan.com
经　　销：全国新华书店
印　　刷：三河市中晟雅豪印务有限公司

开　　本：710mm × 1000mm　1/16
印　　张：12
字　　数：168千字
版　　次：2024 年 12 月第 1 版
印　　次：2024 年 12 月第 1 次印刷

定　　价：58.00 元
I S B N：978-7-5142-4596-7

◆ 如有印装质量问题，请电话联系：010-65583678

前　言

在新时代背景下，我国高等教育事业发展日新月异，思想政治教育作为高等教育的重要组成部分，肩负着培养德智体美劳全面发展的社会主义建设者和接班人的重要任务。本书旨在深入探讨高校“大思政课”建设，从理论、实践、创新等多个维度，全面梳理和总结“大思政课”的发展现状、问题与对策，以期推动高校思想政治教育的改革与发展。

随着我国社会主义现代化建设的深入推进，高等教育的发展越来越受到重视。在这一过程中，高校思想政治教育的重要性愈发凸显。传统的思政课教学方式已经难以适应新时代人才培养的需求，因此，构建具有时代特点、中国特色的“大思政课”体系，成为当前高校思想政治教育改革的迫切任务。

本书的研究具有以下背景与意义：第一，适应新时代人才培养需求。新时代要求高校培养具有全球视野、创新能力、道德品质和实践能力的高素质人才。构建“大思政课”体系，有利于全面提高思想政治教育的质量，满足人才培养的新需求。第二，推动高校思想政治教育创新发展。通过对“大思政课”的建设研究，可以探索出一条适应新时代特点的思想政治教育创新发展路径，为我国高等教育事业发展提供参考。第三，增强中华民族共同体意识。在全球化背景下，培养具有中华民族共同体意识的大学生，是关系国家长远发展和民族复兴的重大课题。本书从“大思政课”的角度探讨中华民族共同体意识建设，有助于培养一代又一代有理想、有担当的青年人。

本书共分为六章，分别从“大思政课”的内涵与特征、理论基础、实践基础、教学内容、创新建设，“大思政课”与“三全育人”新格局建设、与大学生中华民族共同体意识建设以及“大思政”与高校思想政治教育社会资源整合等方面进行了深入探讨。第一章“大思政课”概述，从内涵、特征、理论基础、实践基础等方面对“大思政课”进行了系统梳理。第二章“大思政课”的教学内容，分析了教学内容的基本要求，以及如何将时代特点、历史文化与思想政治教育相结合。第三章“大思政课”创新建设的主线，探讨了创新方式方法，增强思想性、理论性、针对性和亲和力的具体措施。第四章“大思政课”与“三全育人”新格局建设，从理论支撑、原则与方法、路径等方面进行了论述。第五章“大思政课”与大学生中华民族共同体意识建设，分析了“大思政课”在中华民族共同体意识培养中的重要作用。第六章“大思政”与高校思想政治教育社会资源的整合，从实践价值、发展瓶颈和优化策略等方面进行了探讨。

总之，本书旨在为高校“大思政课”建设提供理论参考和实践借鉴，推动我国高校思想政治教育事业不断发展。我们相信，在广大教育工作者的共同努力下，我国高校思想政治教育必将迎来更加美好的明天。

目　录

contents

第一章 “大思政课”概述

第一节 “大思政课”的内涵与基本特征

一、“大思政课”的核心要义

“大思政课”这一概念的提出，是对传统思政教学模式的一次深刻革新，它强调将思政教育与学生的实际生活紧密结合，突破了课堂的界限，将教育的触角延伸至社会各个层面。这种理念的提出，不仅要求对思政课的历史发展有深刻的理解，更要求从历史、时代和现实三个维度出发，全面审视和分析思政课的内涵与外延。“大思政课”的实施，意味着要在坚持理论教育的基础上，更加注重实践教学，将理论与实践相结合，使之成为课程的灵魂，这种结合不是简单地叠加，而是要通过实践活动，让学生亲身体验和感悟社会主义核心价值观，从而内化于心、外化于行。推进“大思政课”建设，是实现立德树人根本任务的重要途径，这就需要不断创新教学方法，丰富教学内容，拓展教学渠道，以适应新时代学生的特点和需求。

（一）“大思政课”是拓宽理论视野的思想大课

拓宽学生的理论形态视野并深化他们对国家、社会发展的全面认识是“大思政课”的核心目标。作为理念创新的重要体现，“大思政课”也是推进思政教育改革，达成培养德智体美劳全面发展人才的重要手段。从宏观的角度来看，“大思政课”要求学生在全球化背景下理解中国与世界的互动，并在历史的长河中探索中国与世界的关系。“思政课的本质是讲道理”。“大思政课”亦旨在传授真理，但追求更深层次的理解和更贴近学生的思想感情，有助于学生扩大视野，增进对国家和社会的理解，培育批判性思维，培养解决复杂问题的能力，激发学生在新时代的征程中继续努力的动力。为了有效传授这些深刻的道理，思政课程的教师需具备深厚的专业知识，须能深入挖掘、透彻阐述、生动诠释这些道理。无论教育改革的方向如何，构建“大思政课”都应坚定地维护其思想和政治的纯粹性，坚守政治立场，并自信地讲授思政课程。

（二）“大思政课”是创新育人格局的人生大课

“大思政课”作为创新育人格局的重要组成部分，深刻体现了教育的全面性和深远性，其目标可以分为“立德”和“树人”两部分，在“立德”方面，“大思政课”致力于引导学生树立正确的价值观，培养良好的道德品质和社会责任感；在“树人”方面，它着重于培养学生勇担重任的真本领。“大思政课”的实施，要求从学生的全面发展出发，综合考虑学生的需求、兴趣、个性特点以及学习状态，以此为基础设计思想政治教育活动，这种教育活动不仅要有针对性，更要有前瞻性，能够适应学生的成长和发展需要，帮助他们在不断变化的社会环境中找到自己的位置。这突破了传统的理论联系实际的概念，更加注重学生的主体性和创造性，它鼓励学生主动参与到思想政治教育中来，通过实践活动、社会实践、志愿服务等形式，将所学知识与社会现实相结合，提高自己的实践能力和解决问题的能力。“大思政课”的目标是帮助学生建立起对国家和社会的深刻理解，培养他们的爱国情怀和社会责任感，通过这门课程，学生能够更好地认识自己的使命和责任，激发他们为实现中华民族伟大复兴中国梦而努力奋斗的决心和勇气。

（三）“大思政课”是理论联系实际的实践大课

“大思政课”理念的提出，是对思政课改革的一次全面拓展和深化，它不仅要求在教学中融入中华优秀传统文化，也要吸收人类优秀历史文明的成果，以开放的心态和全球视野，培养学生的国际意识和历史责任感。在推动思政课程的理论改革与创新中，“大思政课”特别强调理论与实践的统一，主张将课堂学习与社会实践紧密结合。鉴于社会生活的复杂性与多样性，思政课程须不断更新和丰富其内容，这要求思政课教师具备敏锐的社会洞察力和深刻的思考力，密切关注社会热点，把握学生的思想动态，提升解释现实问题和回应学生关切的能力。“大思政课”还要求深入挖掘和整合社会教育资源，将社会生活的丰富素材引入课堂，使教学内容更加生动、实际，提高教学效果，提高学生学习积极性。所以，“大思政课”的建设着重于实践导向，旨在培养全面发展的新时代人才，在理论与实践相统一的过程中，“大思政课”有望推动思政教育的改革与创新。

二、“大思政课”的基本特征

“大思政课”这一概念，是在全球化背景下，面对前所未有的国际形势和国家发展需求应运而生的。它响应了培养能够担负起民族复兴使命的新一代人才的时代要求，标志着思想政治教育课程的一次重大革新和发展。“大思政课”的提出，对于促进思政教育的整体环境实现质的飞跃和根本性变革，具有深远影响和重要价值。

在育人内容上，“大思政课”强调利用社会资源，倡导全社会参与思政教育，以提高思政课程的教学水平和推动其发展。“大思政课”课程内容广泛，覆盖了社会生活的各个方面，并紧跟时代的步伐进行更新和丰富，这样的课程设计旨在培育具有坚定思想政治素质和扎实理论基础的新时代青年，使他们能够更好地适应社会发展的需求，并承担起推动民族复兴的重任。在传统思政课程教学的基础上，通过融入社会实践等元素，可以使课堂更加引人入胜，并帮助学生更好地理解和接受理论知识。“大思政课”教学内容的丰富性还体现在提供优质的教学资源上，强调教学内容应基于教材并与时俱进，将创新理论的最新成果和马克思主义理论的前沿思想融入教学中。这种教学内容的设置更具时代感和创新性，能更好地满足学生的发展需求。同时，“大思政课”注重挖掘和利用历史资源，展现思政课程的深度和厚重感，它还注重运用国际比较资源，通过国际视角展现思政课程的新视角。这是聚焦国家、社会、人民的有深度和广度的实践课程。“大思政课”关注学生的思想困惑，通过全面、正确地认识和分析问题，帮助学生提高综合能力，增强学生的获得感。

“大思政课”在育人方法上，强调理论与实践相结合，这一特征是其教学革新的核心，它要求教师在讲授理论知识的同时，须与社会实际紧密结合，通过丰富的实践素材来增强教学的生动性和实效性。在这一过程中，学生的主动参与和深入体验变得尤为关键，这不仅能帮助他们更好地理解抽象的理论知识，还能激发他们的学习热情和探索欲望。为了打破学生对思政课的传统印象，“大思政课”倡导教学方法多样化和创新化，通过案例分析、角色扮演、辩论赛等互动性强的教学形式，使理论知识更加贴近学生的生活实际，从而提高学生的学习积极性和参与度，让学生在参与中学习，在体验中成长，形成对知识的深刻理解和对问题的独立思考。“大思政课”的视野不局限于课堂，它还注重构建积极向上的校园文化环境，拓展社会大课堂的教育资源，通过组织学生参与社会实践、志愿服务等活动，让学生在社会环境中感受和学习，实现思想和情感的升华。同时，“大思政课”注重历史与现实的结合，通过组织学生参观历史纪念场馆、文化古迹等，增强他们对国家和民族历史的认同感，激发他们的爱国情感和奋斗精神，这有助于学生更好地理解历史，激励他们在新时代中积极作为，为实现中华民族伟大复兴的中国梦贡献力量。随着新技术的发展和应用，“大思政课”也在不断探索线上线下相结合的教学模式，利用互联网、虚拟现实等技术手段，将历史场景和现实生活有机结合，为学生提供更加丰富、立体的学习体验，扩大思政课的教学场域，提高教学的互动性和趣味性，实现思政课质量的全面提升和内涵式发展。

第二节 “大思政课”提出的理论基础

“大思政课”的教育理念，深刻体现了马克思主义关于人的全面发展理论的精髓，它强调教育不仅仅是知识的传授，更是对学生个性、能力、需求和社会关系的全面培养。在这一理念的指导下，“大思政课”致力于通过教育实践，帮助学生实现从生存需求到生活享受，再到个人发展的全面跃升，在实践活动中，“大思政课”鼓励学生参与各种形式的体力和脑力劳动，通过实践不断拓展人的潜能，提升个人能力。这种实践活动不仅包括传统的生产劳动，也包括现代的科技创新、社会服务等多种形式，通过这些活动，学生能够在实践中学习，在学习中创新，不断推动个人和社会的进步。列宁认为，生产劳动是人类普遍的全面发展的条件，并提出了在具体实践中要将教育与生产劳动相结合的规定。列宁鼓励青年朋友积极参与实际生活，将自己的热情投入为共产主义建设事业服务中去，这为“大思政课”提供了重要的理论支撑，在教育实践中，要将学生的教育与社会生产实践紧密结合起来，让学生在参与社会生产的过程中，体验劳动的价值，培养劳动的习惯，提高劳动的技能。

马克思主义的实践观认为，“全部社会生活在本质上是实践的。凡是把理论引向神秘主义的神秘东西，都能在人的实践中以及对这种实践的理解中得到合理的解决。”教育的重要性不言而喻，将教育与生产劳动实践相结合，不仅顺应了生产力发展的客观要求，更是促进人的实践能力和认识水平不断深化、提高的重要条件。在实践中学习，是实现个人能力突破和知识飞跃的重要手段，马克思主义强调实践是检验真理的唯一标准，也是推动认识发展的根本动力，人们通过亲身参与实践活动，获得对事物的直接感受和具体认识，这些感性认识经过思维的加工和整理，逐渐转化为理性认识，帮助人们更深刻地理解事物的本质和内在规律。这一过程与人的学习成长过程高度一致，学生在成长过程中，通过参与实践活动，将理论知识与实际情境相结合，能够在实践中发现问题、分析问题和解决问题，从而提高自己的实践能力和创新能力，这种能力的提升，对于学生的全面发展具有重要意义。因此，在学生的成长过程中，注重实践能力的培养，是帮助他们成长成才的重要部分。

在当今社会，人类所面临的挑战和机遇都是前所未有的，社会生活的复杂性和多样性要求我们不仅要在理论上有所准备，更要在实践中不断探索和学习，对于青年学生而言，学校教育不仅仅是传授科学文化知识，更重要的是培养他们适应社会、服务社会的能力与素质。高校思政课的改革与创新，正是为了更好地培养人，培养堪当民族复兴重任的时代新人。通过加强实践教学，将理论与实践相结合，让学生在亲身参与中学习和体验，从而更深刻地理解社会生活的本质和规律，这帮助学生积累宝贵的直接经验，激发他们的思考能力和创新精神。高校思政课的实践教学，是马克思主义实践观的具体体现，通过在思政课程中开设特色实践课程，可以让学生在参与中感受到理论与实践的紧密联系，认识到个体与社会的互动关系。这种教学模式有助于学生自觉地将个人发展与社会发展相结合，积极投身于服务社会的实践中，为实现民族复兴的宏伟事业贡献自己的力量。

第三节 “大思政课”提出的实践基础

一、新中国成立以来高校思政课建设的基本经验

高校思政课作为培养社会主义建设者和接班人的重要渠道，其建设历程与国家发展紧密相联，自新中国成立后，国家始终将高校思政课作为教育体系中的重要环节，不断探索和完善，以适应时代发展的需求。改革开放后，随着社会经济的快速发展和全球化的深入，高校思政课面临着新的挑战和机遇，需要在传统教育模式的基础上进行创新和改进。党的十八大

以来，党中央对学校思想政治理论课的建设提出了更高要求，强调要将思政课与国家发展大局紧密结合，使之成为培养学生理想信念、道德品质和法治观念的重要平台，通过一系列创新性举措，如加强师资队伍建设、优化课程设置、丰富教学内容和方法等，高校思政课取得了显著成效。进入新时期，办好“大思政课”，不仅是对过去经验的总结，更是对未来发展的规划，要深入分析和理解高校思政课建设的历史脉络，从中提炼出有效的经验和规律，同时结合当前的社会实际，不断探索和实践新的教学模式、方法。

党的领导是高等教育中思政课程建设的基石，确保了教育的正确方向和目标的实现。中央对高等教育中的思政课程给予了极大的关注，不仅在政策上提供支持，还通过资金、师资、设施等多方面的全面保障，确保了思政课程的教学质量和效果。在学科建设层面，中央支持各高校建立马克思主义学院，加强马克思主义理论学科的建设，为思政课程提供了坚实的学科基础。这些学院成为培养马克思主义理论人才的摇篮，为思政课程的教学和研究提供了持续的智力支持。在课程建设方面，教育部门成立了专门的指导委员会，为思政课程的建设提供了组织保障。这些委员会由教育领域的专家学者组成，为思政课程的教学内容、教学方法、评价体系提供了专业的指导和建议。高校思政课程将立德树人作为其教育目标，致力于培养德智体美劳全面发展的社会主义建设者和接班人，以及适应时代要求的新人。这些课程把培育全面发展的青年学生作为目标和任务，坚持以马克思主义理论为指导，将党和国家的创新理论与实践经验融入教学之中，展现了与时俱进的理论品格。

新中国成立以来，高校思政课建设始终贯穿着理论与实践相结合的教育理念，致力于提升课程的实践性和应用性，通过加强师资队伍建设，不断提升思政工作者的专业能力和道德素养，确保了思政课的教学质量和育人效果，汇聚来自教育界、学术界以及社会各界的力量，为思政课建设提供了坚实的队伍保障。在高校中，教学与科研的紧密结合促进了思政课程的价值导向功能，确保了用先进的理论武装学生，用科学的方式培养学生。

这种培养在课程内容的深度和广度、教学方法的创新和实践应用上得到体现，通过不断总结与反思，高校思政课程应持续坚守明确的教育目标，以内容为核心，持续推动教学方法的创新。同时，高校思政课程的构建需要更加注重针对性、时代性和科学性的提升，确保在不同教育阶段的思政课程之间以及与专业课程之间实现有效衔接，深入了解学生的成长需求。坚持理论与实践结合，既重视理论知识的传授，也重视实践技能的培养，全面提升学生的理论水平与实践能力，提高思政课程的实际效果，推动思政课程的持续进步。

二、高校思政课改革创新实践探索

自党的十八大以来，党中央对学校思想政治理论课的建设投入了较大的关注和支持，进行了深入的实践探索和理论研究，在育人目标上，更加注重培养学生的社会主义核心价值观和全面发展能力；在育人内容上，强调与时俱进，将国家的最新发展成就和时代精神融入课程；在育人方法上，创新教学模式，采用案例教学、讨论式教学等多种方式，提高教学的互动性和实践性。这一过程中，思政课的改革与创新不仅在教学主体和教学方法上实现了突破，更在教学场域上进行了拓展，如利用网络平台和社会实践基地等，为学生提供了更广阔的学习空间。这些改革创新的成果，为思政课的发展营造了更加良好的环境，确保了思政课在新时代背景下的生命力和影响力，为培养担当民族复兴大任的时代新人奠定了坚实基础。

“课程思政”理念的提出，是高校思想政治教育工作的重要创新，它强调将思想政治教育融入所有课程教学中，实现全课程育人，这一理念的实施，要求专业课教师在传授专业知识的同时，注重挖掘和融入课程中的思想政治教育元素，使专业教学与思想政治教育相辅相成，在这一过程中，教师需要深入挖掘课程内容与社会现实的联系，将理论与实践相结合，帮助学生在专业学习中形成正确的世界观、人生观和价值观，通过案例分析、社会实践、志愿服务等多种形式，引导学生将所学知识应用于解决实际问题，提高学生的实践能力和创新能力。同时，“课程思政”理念强调各门课程要与思想政治理论课形成协同育人的合力，这就要求高校在课程设置、教学内容、教学方法等方面进行统筹规划，实现课程之间的有机衔接和相互支撑，通过跨学科、跨专业的教学模式，打破学科壁垒，促进不同学科之间的交流与融合，形成全方位、多层次、宽领域的育人格局。

自 2019 年学校思想政治理论课教师座谈会召开以来，有关部门颁布的系列文件，不仅为加强和改进思政课建设提供了制度性保障，而且体现了对教育规律和学生成长规律的深刻洞察，其中，“八个相统一”的提出，强调了思政课改革创新的基本原则，即要坚持正确的政治方向和价值导向，实现理论与实践、知识与能力、教书与育人、统一要求与因材施教等方面的有机统一。在 2020 年，《新时代高等学校思想政治理论课教师队伍建设规定》正式出台，这项规定详细界定了思政课教师的角色定位、选聘机制、职业发展路径以及监管体系，为打造一支高素质的思政课教师队伍奠定了坚实的基础。同年，教育部办公厅发布的《关于成立教育部大中小学思政课一体化建设指导委员会的通知》，预示着思政教育的发展迎来了新的机遇，该委员会的成立意在促进不同教育阶段的思政课程实现深度融合、协同发展，打造一个覆盖整个教育体系的协同育人新平台。

教材体系的革新是高校思政课程的改革与创新的重要一环，它对思政课程内容的时代性和针对性有着直接影响，高校思政课教材内容从 2005 年版更新至 2018 年版，再至 2021 年版，不仅整合了习近平新时代中国特色社会主义思想，而且更加重视学生关注的实际问题解决，显著提升了学生对思政课的认同和理解，增强了学生的实践意识。

在“大思政课”理念的推动下，创建的综合性改革试验区、纪念馆、博物馆以及实践教学基地等，极大地扩充了教学内容和教学手段，赋予了教学更多的实践性和多样性。这些措施不仅在理论上具有重要意义，更在实际应用中具有重要价值，为促进思政课程的高质量发展提供了坚实的基础。2021 年，《高等学校思想政治理论课建设标准》的发布，提出了建设“大思政课”、突出实践教学等重要举措，为思政课建设提供了新的标准和方向。2022 年 8 月，教育部等部门印发的《全面推进“大思政课”建设的工作方案》，为实施“大思政课”提供了明确的框架和指导，全面覆盖了思政课建设的各个方面，展现了新时代思政课改革创新的新方向，推动了高校思政课的高质量发展。

近年来，高校思政课改革创新实现了显著的进步，进行了深入的探索，理论与实践创新相结合，推动了思政课程质量的持续提升。这些成就为不断深化高校思政课的改革创新，推进“大思政课”的发展提供了宝贵的经验。

第四节　高校“大思政课”建设的必要性

推进“大思政课”建设不仅是对立德树人根本任务的深化落实，更是对新时代教育要求的积极回应，这对于破解思政课改革创新中的难题具有决定性意义，它通过整合校内外资源、优化课程体系、创新教学方法等途径，为思政课的内涵发展和质量提升注入了新的活力。“大思政课”的实施，促进了高校思政课理念的再更新，为改革创新提供了源源不断的实践动力，进一步拓宽了思政课的视野和格局，使课程内容更加贴近学生的生活实际，更具有时代感和针对性，高校推进“大思政课”建设确有必要。

一、“大思政课”回应立德树人的时代需求

（一）“大思政课”明确了培育时代新人的育人目标

思政课作为高校教育体系中的中亚课程，承载着培养社会主义建设者和接班人的重要使命，它不仅是知识传授的平台，更是价值观念和理想信念塑造的熔炉，“办好思想政治理论课，最根本的是要全面贯彻党的教育方针，解决好培养什么人、怎样培养人、为谁培养人这个根本问题”。“大思

政课”的提出是对传统思政课的深化和拓展，它要求从立德树人的高度出发，全面理解思政课在育人过程中的重要作用，这需要在关注学生的知识学习的同时，注重学生品德修养、价值观塑造和人生观引导，以历史的、全局的视角来审视和规划思政课的发展。还要鼓励学生将个人的发展与国家和社会的需求紧密结合起来，激发他们的社会责任感和历史使命感，通过参与社会实践、志愿服务等活动，让学生在服务和奉献中锻炼成长，培养他们的实践能力和创新精神。

高等教育中的思政课程改革始终将塑造正确的价值观念作为其核心目标。教育部每年所发布的工作重点均突出了思想道德教育的重要地位，这不仅对思政课教师提出了严格的政治素质要求，也强调了教师情怀的重要性。“让有信仰的人讲信仰”，这是对教师的基本要求和教学过程的期望。在大学这个人生观、价值观形成和巩固的关键时期，对大学生进行的思想政治教育须精准定位并提供有效的引导。通过马克思主义理论的教育，帮助学生确立科学的世界观、人生观和价值观。社会主义核心价值观融入思政课程的各个方面，不仅提高了学生辨别是非的能力，也激发了他们对知识的渴求和对真理的探索。通过系统的学习和实践，学生能够深刻理解、真诚信仰、主动践行这些价值观，即在思想上有所认同，在理论上有所领悟，在情感上有所信任，在行动上有所体现。

在当今这个百年未有之大变局的时代背景下，青年学生们面临着前所未有的挑战和机遇，新的技术革命和行业变革正以前所未有的速度重塑世界，这要求青年学生不仅要有扎实的专业知识，更要有清醒的头脑和稳定的心态，以适应快速变化的社会环境。“大思政课”的提出，正是为了应对这一时代挑战，它强调了思政课的格局、视野和思维的创新。高校推进“大思政课”建设，不仅是对传统思政课的一次全面升级，更是对培养目标的一次深刻反思和明确。在这样的历史方位下，高校思政课改革创新须有更加明确的培养目标，以适应时代发展的要求。高校思政课培育的人才，不仅要能够把握时代脉搏，具备过硬的专业能力和创新精神，更要具有自觉的使命担当和坚定的理想信念。这样的人才，能够在复杂多变的世界中保持清醒的头脑，以积极的心态面对挑战，不断学习和提高自己，为社会的发展贡献自己的力量。“大思政课”理念的实施，既是对高校思政课改革创新的思维创新，也是实现改革突破的方法创新，它在立德树人的内在要求上具有本质的一致性，强调了思政课在培养学生理想信念、价值观念和道德品质方面的重要作用。因此，在“大思政课”理念指导下的高校思政课改革创新，是目标明确、方向清晰的，旨在培育能够堪当民族复兴重任的时代新人，引导学生自觉地投入社会实践，积极参与国家和社会的发展，为实现中华民族伟大复兴中国梦而不懈奋斗。

（二）“大思政课”拓展了新时代思政课的教学场域

高校思政课改革创新的实践探索，不仅在课堂教学上取得了显著成绩，更在实践教学方面展现了其深远的影响力，随着历史的发展，思政课已经超越了传统的课堂讲授模式，它不再局限于传授知识或讲述理论，而是成了一种全面覆盖、深入生活的教育实践。“大思政课”的概念拓展了课堂教学的空间维度，更实现了教学内容和形式的多元化，它将思政教育从传统的课堂环境延伸到开放的社会空间，从校园内拓展到校园外，从线下教学转变为线上线下相结合的教学模式，这种延伸，使得思政课更加贴近学生的生活实际，能更有效地引导学生思考和实践。同时，“大思政课”在时间维度上也实现了突破，它贯穿了从小学到大学的各个学段，形成了全学段的思政教育体系。这种横向贯通、纵向衔接的教育模式，构建了全时空的思政课“大格局”，确保学生在不同阶段都能接受连续、系统的思想政治教育。

“大思政课”通过结合课堂教学与实践教学，实现思政课程与专业课程的协同发展，专业课教师在专业课程教学中融入思政元素，提升了其思想政治素养，也强化了学生的思想素质和理论水平，使学生在实践中增进社会认识，锻炼其团队协作和沟通能力，全面提高其综合素质。随着新技术、新经验应用，“大思政课”发展呈现出新的样态，如建立思政课资源库、纪念馆、博物馆、展览馆，以及虚拟仿真实践教学和国家智慧教育平台，而这就要求建立健全“大师资”和“大平台”，设立实践教学基地，建立综合改革试验区，促进各级学校联动和一体化发展。随着信息技术的飞速发展，各类媒体平台正在着手开发和应用蕴含思政教育价值的资源与情境，以此来拓宽思政教育的范畴，并与社会热点紧密结合，满足时代发展的需求。“大思政课”在教学思路、实施方法和实践场所方面的拓展，凸显了思政教育与时俱进的特性，积极回应了达成“两个一百年”奋斗目标的时代挑战，增强了思政教育在塑造青年学生精神世界和培育人才方面的作用。

（三）“大思政课”创新了理论联系实际的育人方法

高校思政课程的课堂教学是传递思想理论的主要场所，虽然理论讲授是这一过程中的主要方法，但由于教学材料的深度和广度各异，加之学生的教育背景、对理论知识的接受和理解能力存在差异。因此，在高校思政课程的改革中，特别增加了对学生实践技能的培养。在课程规划上，不仅规定了实践教学的最低学时和学分要求，还确保学生有充分的时间参与到各类实践活动中。同时，高校思政课改革将理论教学与实践教学作为一个有机整体，通过实践活动将理论知识与实际相结合，帮助学生深化对理论的理解和应用，这为学生的成长发展做了更深刻的考量，也显著提升了思政课的实效性，学生在参与实践活动的过程中，能够更加直观地感受到理论知识的实际价值和意义，从而提高对思政课的认可度和获得感。尽管“大思政课”以格局大、视野广、思维新为主要特点，但其核心依旧是作为思想政治教育主要平台的“课程”，这就需要在课程规划和实施上投入大量的精力，以确保理论与实践教学能够同步推进并实现深度融合。为了增强师生的参与度和互动性，“大思政课”需要在课程内容、教学方法和教学场域上进行创新，课程内容要紧跟时代发展，反映社会现实，丰富学生的理论知识体系；教学方法要灵活多样，鼓励学生主动参与，激发学生思考和讨论；教学场域要打破传统课堂的界限，将教学活动延伸到校园之外，甚至网络空间。同时，“大思政课”不仅要关注思政小课堂，更要拓展社会大课堂，这意味着要深入挖掘社会生活中的思政元素，将社会生活的丰富素材引入课堂，使学生能够在学习中感受到理论与实践的紧密联系，鼓励学生走出校园，参与社会实践，将所学理论知识应用于解决实际问题，提升自身的实践能力和创新能力。

“大思政课”作为理念上的创新，不仅引领着理论教学与实践教学的双重变革，更强调了培养目标与培养过程的内在统一。这种统一以学生的成长进步为核心，综合考量学生的学习环境、生活方式、思维特点，以及行为习惯。为了实现这一目标，教学内容需要不断充实，教学方法需要创新改进。这包括运用现代信息技术，如网络资源和虚拟仿真技术，以及采用案例教学、讨论式教学等互动性强的教学模式，调动学生学习的主动性和积极性，可以增强思政课的吸引力和活力，提升学生的获得感。高校在实施“大思政课”建设时，须针对教学过程中的短板进行改革，这要求改革行动不仅要有理论的深度，还要有实践的广度。在改革的征程中，“大思政课”与高校思政课的改革创新目标是一致的，所采纳的方法也相辅相成。这就需要多方联手促进全方位地协同育人，实现跨学科、跨课程的互动与合作，通过协作，更精准地将理论与实践相融合，驱动思政课改革的实践与理论创新。

二、“大思政课”引领高校思政课高质量发展

（一）“大思政课”实现了高校思政课改革创新的理念更新

高校思政课改革的创新，首先需要从教育理念的更新和转变开始，教育理念是教育者对于教育目的、方法、效果的深层次理解和追求，它决定了教育的方向和质量。随着时代的发展，教育理念也在不断演进，以适应新的社会需求和教育目标，在新时代的背景下，高校思政课改革需要树立与时代发展相适应的教育理念，强调知识传授与能力培养的统一，注重学生全面素质的提升。“大思政课”的目标不仅是培养学生的专业知识和技能，更重要的是塑造他们的价值观、世界观和人生观，使之成为具有社会责任

感和创新精神的新时代青年。“大思政课”对高校思政课改革提出了明确要求，强调实践教学的重要性，倡导开发和利用各类思想政治教育资源，这包括利用社会实践、志愿服务、校园文化活动等多种途径，将理论与实践相结合，增强学生的实践能力和创新能力。同时，“大思政课”还强调汇聚社会合力，推动思政课的内涵式发展，这意味着要整合家庭、学校、社会等多方面的教育资源，形成协同育人的良好局面。

思政课育人目标从“四有青年”到“德智体美劳全面发展的社会主义建设者和接班人”，再到“时代新人”，体现了教育思想的深刻变革，也反映了社会对新一代的殷切期望。“大思政课”是对这一发展趋势的积极响应，它以“铸魂育人”为核心价值观导向，深刻把握了思想政治教育的深层规律，为培养合格的社会主义建设者和接班人指明了方向。在新时代的征途上，“大思政课”着重培育能够承担民族复兴使命的时代新人，这为中国青年明确了奋斗的方向和目标，也为思政课程的改革提供了新的动力和指引。“大思政课”是一种科学的理念革新，它推动了教育全过程和各个环节的创新，在这一新理念的指导下，将在思政教育实践中采取一系列创新措施，塑造课堂教学的新形态，使思政教育的效果达到新的高度，更有效地调动学生的学习积极性，提升学生的思想政治素质和综合素质。

“大思政课”的提出标志着思政教育改革开启了新的篇章，它为新时代的思政教育指明了创新的路径，而且成了思政教育理论创新的一个标杆，它为培养能够承担国家复兴大任的新一代青年提供了行动的蓝图。在维护传统价值观的基础上，“大思政课”进一步强化了思政教育的政治导向和价值引领作用，致力于培养学生的道德素质和美德，促进学生在知识、能力和素质上的全面进步，实现教育的根本目标——立德树人。在创新方面，“大思政课”打破了传统教学的框架，将教育的视野拓宽到课堂之外，使得教学内容更加广泛和多元。它采用了创新的教学方法，增强了学生的实践体验，提升了学生在思政教育中的参与度和收获感。此外，“大思政课”强调了知识体系的整合、教学内容的连贯性，通过全过程育人的教育理念，确保了全学段的思政教育质量，推进了各级教育阶段思政课程的整合，显著提高了思政教育改革的实际效果。

（二）“大思政课”激发了高校思政课改革创新的实践动力

不管是办好思政课还是讲好思政课，都是一项需要综合考量的系统工程，它要求高校在思政课程的改革与创新基础上遵循教育规律，与时代的发展保持一致。“大思政课”正是在这样的背景下提出的，它主张思政课程要稳固其作为立德树人关键课程的定位，更要充当学校与社会之间的桥梁，满足学生在理论知识与实践技能上协调发展的需求。“大思政课”的实践体现了将理论与实践相结合的教育理念，通过拓宽课程内容和教学场域，进行了深入的实践探索，这种探索是对教学内容的拓展和教学方法的革新，也是对教育观念的刷新和教学实践的全面改革。在这一过程中，实践的重要性不言而喻，它是认识的来源，也是推动新理念形成和发展的动力。随着实践的不断深入和发展，新的教育理念和方法将不断被归纳和总结，为思政课的改革创新提供源源不断的动力。

“把思政小课堂同社会大课堂结合起来，教育引导学生立鸿鹄志，做奋斗者。”这要求思政课改革在重视课堂教学改革的同时，也要积极拓展到现实生活中，实现教学空间的场域拓宽。在这一过程中，思政课改革要深入挖掘社会实践中的丰富素材和优秀榜样，将这些生动的实践案例融入教学内容，使之成为学生学习和思考的鲜活教材。同时，“大思政课”还强调要利用社会实践中的实际情境，增强学生的体验感和参与感，使学生能够在亲身体验中感受到理论知识的力量和价值，激发学生的学习兴趣，促使学生将理论知识内化于心、外化于行，实现知识的转化和应用，潜移默化地影响学生的思想和行为。培养学生的责任感、使命感和奋斗精神，激励他们立下远大志向，成为勇于奋斗、敢于担当的新时代青年。

尽管高校思政课程改革取得了一定的进展，但仍存在一些需要优化的方面。例如，需要进一步提升思政教育的环境，同时高校思政课教师队伍的建设也需要得到加强。面对这些需要，寻找解决方案不仅是改革的方向，也是改革的动力源泉。未来，高校思政课程改革的目标是实现课程内容的横向协调和纵向深化，这要求在不同教育阶段之间建立有效的联系，确保思政教育的连续性和系统性。此外，学校教学与社会资源的协同作用也十分重要，须建立校内外资源共享的机制，动员社会各方面的力量，共同推进思政教育的发展。通过这些改革实践，可以促进形成良好的思政教育生态，推动思政课程改革实现新的变化，达到新的发展高度。

第二章 “大思政课”的教学内容

与时俱进是马克思主义理论的鲜明特征，它要求紧跟时代步伐，不断适应社会的发展变化，在大思政中，这一点尤为重要，思政课教师要不断备课，及时更新教学内容，以确保教育与时代同步，通过教育引导，帮助青年学生正确认识世界，全面了解国家的情况，把握时代发展的大趋势，这样，青年才能成为新时代见证者、开创者和建设者，主动适应和引领时代潮流，解决好世界怎么了、中国怎么样、学生怎么办问题。

第一节 常备课、常讲新

一、思政课特征

（一）思政课政治性强

大思政教育作为培养社会主义建设者和接班人的重要途径，其核心在于加强思想政治工作，确保教育内容和方向与国家的政治要求一致，讲政治不仅是大思政教学的基础，也是其灵魂，在大思政教学过程中，注重学术研究的自由性，但这种自由并非无边界，而是在遵守政治纪律的前提下进行。总的来说，讲政治比较简单，例如，增强“四个意识”（政治意识、大局意识、核心意识、看齐意识），是确保学生能够站在国家和民族的高度思考问题，自觉维护国家利益和社会稳定；坚定“四个自信”（对中国特色社会主义道路、理论、制度、文化的自信），是培养学生对国家发展道路的认同感和自豪感，激发他们为实现中华民族伟大复兴中国梦而奋斗的动力。

但具体来说，讲政治十分复杂，比如，按照《中国共产党纪律处分条例》关于政治纪律的要求，不准在重大原则问题上不同党中央保持一致，不准公开发表反党言论，不准违背四项基本原则、妄议中央大政方针、丑化党和国家形象，不准制作、贩卖、传播、携带、寄递反党丑国的书刊、音像制品、电子读物和网络音视频资料，不准在党内组织、参加秘密集团或其他分裂党的活动，不准在党内搞团团伙伙、结党营私、拉帮结派、培植个人势力等非组织活动，不准搞山头主义，不准落实党中央决策部署不坚决、打折扣搞变通，不准对党不忠诚不老实，不准擅自对应当由党中央决定的重大政策问题作出决定、对外发表主张，不准不按照有关规定向组织请示、报告重大事项，不准干扰巡视巡察工作和不落实巡视巡察整改要求，不准对抗组织审查，不准组织、参加反对党的基本理论、基本路线、基本方略的活动，不准组织、参加反党、反社会主义或者敌视政府的组织，不准组织、参加会道门或者邪教组织，不准从事、参与挑拨破坏民族关系活动，不准组织、利用宗教活动反党和破坏民族团结，不准信仰宗教，不准组织、参加迷信活动，不准组织、利用宗族势力对抗党和政府，不准叛逃和在国（境）外公开发表反党反政府言论，不准在涉外活动中损害党和国家尊严、利益，不准不履行全面从严治党主体责任，不准对违反政治纪律和政治规矩的错误思想行为不报告、不抵制、不斗争，不准违反党的优良传统和工作惯例等党的政治规矩等。

在信息时代，国内外形势的复杂多变给思政课教师带来了前所未有的挑战，要想在授课过程中贯彻这 26 个“不准”，确保教学内容的正确性和导向性，需要付出更多的努力和智慧，这不仅要求教师具备扎实的政治理论基础，还需要他们具备敏锐的时事洞察力和高度的责任感。为此，教师须在授课前进行深入的备课，精心准备教学材料和案例，确保教学内容既符合国家的教育方针，又能够贴近学生的实际生活和思想状况。同时，教师还需不断更新自己的知识体系，紧跟时代发展的步伐，以更加开放和包容的心态，引导学生正确看待社会现象，培养他们独立思考和判断的能力。

（二）思政课课程难

思政课作为一门综合性极强的课程，其内容涵盖了广泛的领域和深刻的理论，对教师的专业素养和教学能力要求极高，教师不仅要精通马克思主义哲学、政治经济学、科学社会主义等基础理论，还要对经济、政治、文化、社会、生态文明等多个方面有深入的了解和研究。在教学过程中，学生可能会提出一些尖锐敏感的问题，这些问题往往触及深层次的理论和实践问题，需要教师具备深厚的理论功底和敏锐的思辨能力，才能将这些问题讲清楚、讲透彻。例如，马克思主义哲学的讲授，不仅需要教师掌握德国古典哲学和人类文明的哲学成果，还要能够批判地继承和发展这些成果，引导学生正确理解和运用马克思主义哲学的基本原理。这就要求思政课教师经常学习、广泛学习，不断更新自己的知识体系，提高自己的理论水平和实践能力，还要经常备课，根据时代发展和学生需求，不断调整和优化教学内容、方法，使教学更加贴近实际、贴近生活、贴近学生。只有这样，才能使思政课教学常讲常新。

（三）思政课时政内容变化快

理论联系实际是思政课教学的基本原则，它要求教师在教学过程中，不仅传授理论知识，还要将这些理论与当前的社会实际相结合，帮助学生理解政策的变化和理论的发展。随着时代的发展和国内外形势的快速变化，政策和理论都需要不断地更新和调整，以适应新的社会需求和挑战。例如，计划生育政策的调整，是我国根据人口老龄化这一全球性问题和国内实际情况做出的积极应对措施，2021 年发布的《关于优化生育政策促进人口长期均衡发展的决定》，标志着我国人口政策的重大转变，从独生子女政策到全面两孩，再到一对夫妻可以生育三个子女的政策，这一变化体现了国家政策的灵活性和前瞻性。思政课教师在面对这样的政策调整时，需要及时更新教学内容，使之与国家的最新政策和理论发展保持一致，这不仅要求教师具备敏锐的时事洞察力，还要求他们具备深厚的理论功底和实践能力，能够在教学中将政策变化与理论发展相结合，引导学生正确理解政策背后的深层次原因和意义。“国内外形势、党和国家工作任务发展变化较快，思政课教学内容要跟上时代，只有不断备课、常讲常新才能取得较好教学效果。”

（四）思政课对教师要求高

思政课作为立德树人的核心课程，其重要性不言而喻，它不仅是传授知识、培养能力的平台，更是塑造学生世界观、人生观和价值观的重要途径，在新时代背景下，思政课的使命更加重大，它需要全面贯彻国家教育方针，落实立德树人根本任务，确保马克思主义在高校意识形态领域的指导地位，坚持社会主义办学方向。相较于其他课程，思政课程被赋予了更高的期望和要求。根据《新时代高校思想政治理论课教学工作基本要求》，高校须将思政课程教学置于显著位置，加强并优化教学管理，提升教学质量，将习近平新时代中国特色社会主义思想融入教材、课堂和学生的思维中，以树立“四个意识”，增强“四个自信”。培养全面发展的社会主义建设者和接班人，以及能够担负起民族复兴使命的新时代青年。

坚持正确的政治方向是思政课程的根本，要强化其在价值观引导上的作用，并通过全流程管理来确保每个教学环节都能有效地发挥作用。此外，规范化建设是提高思政课程质量的基石，需要通过不断完善教学制度来实现教学的规范化和制度化。最重要的是，要不断提升学生的参与感和获得感，使思政课程既有深刻的理论内涵，又有贴近实际的生动案例。这就要求教师在教学中注重情感的投入，关注学生的需求和反馈，使教学内容更加贴近学生的生活实际，更加符合学生的认知特点，要把这些要求落到实处，取得实效，教师须做到经常备课，常讲常新。

二、思政课实现常讲常新的途径

（一）加强组织领导

加强组织领导是确保思政课教学不断更新、常讲常新的关键，这不仅需要各级领导的高度重视和积极参与，还需要建立一套完善的组织机制和保障制度，首先，高校党委书记和校长须将思政课作为学校教育的重要内容，参与听课和教学督导，确保教学内容和方法的科学性和有效性，通过校、省、部三级听课制度，形成上下联动、层层落实的工作格局，推动思政课教学的全面进步。其次，省级教育部门和教育部高校思想政治理论课教学指导委员会，要定期组织专家对高校思政课进行听课和评价，及时发现问题、总结经验，提出改进建议，指导委员会还要加强对教学重点难点问题的研究和解答，开展精品课程教学展示活动，发布各门课程的教学建议，为教师提供指导和参考。最后，党支部和教研室（组）要发挥战斗堡垒的作用，认真履行思想政治理论课的具体教学任务职责，通过“三会一课”、教研室（组）业务会议等，积极开展科研、学术活动，组织教师培训、集体备课，通过加强对教学情况的监督检查，及时发现和解决教学中的问题，为不断备课、常讲常新提供有力的组织保障。

（二）持续学习研究

持续学习研究是不断备课、常讲常新的内在要求，也是提升教学质量和效果的根本途径，教师要不断充实自己，拓宽知识视野，提高理论素养，以确保教学内容的深度和广度。在学习过程中，教师要突出重点，深入学习马克思主义基本原理和习近平新时代中国特色社会主义思想，这是思政课教学的核心内容，教师要通过读原著、学原文、悟原理，逐本逐篇、逐句逐字地深入学习，不寻求任何捷径，确保自己真正学懂弄通。这种深入的学习态度，有助于教师更好地理解理论的精髓，更准确地把握教学的重点和难点。同时，教师还要全面学习，不仅要深入学习自己所教授的课程内容，还要广泛涉猎其他相关课程的知识，如中国近现代史纲要、形势与政策等，这种跨学科的学习，有助于教师建立更加全面的知识体系，更好地把握不同课程之间的内在联系，提高教学的综合性和系统性。此外，教师还要广泛学习，关注经济、政治、文化、社会、历史等各个领域的研究成果，不断吸收新知识、新观点、新方法，丰富自己的思想文化基础，这有助于教师更好地把握时代脉搏，更准确地解读社会现象，提高教学的现实性和针对性。

（三）创新方式方法

创新方式方法要用好“三巡六创优”和“三集三提”，提升思政课的教学质量和效果，使之更加符合新时代的要求。其中，“三巡六创优”即优秀思政课示范巡讲、思政课建设优秀成果巡礼、思政课建设巡察和思路创优、师资创优、教材创优、教法创优、机制创优、环境创优，要把思政课讲得“有虚有实”“有棱有角”“有情有义”“有滋有味”“有己有人”，全力办好新时代学校思政课。“三集三提”，即集中研讨提问题、集中培训提素质、集中备课提质量，通过集中研讨，教师可以共同探讨教学中遇到的问题，形成解决问题的思路和方法；集中培训有助于教师及时了解最新理论成果，提升自身的理论素养和教学能力；集中备课则要求教师在深入研究教材和教学大纲的基础上，形成统一的教学目标和参考教案，保障教学质量。此外，教师还需要积极运用新媒体和新技术，创新教学载体和方式，通过视频、社群等多种形式，开展多样化的教学活动，激发学生的学习兴趣，提高教学的互动性和实效性。

第二节 正确认识世界

一、要培养学生认识世界的科学世界观和方法论

培养学生的科学世界观和方法论，是思政教育的重要任务之一，马克思主义基本原理概论课作为实现这一目标的重要途径，承担着引导学生深入理解马克思主义基本原理和科学方法论的重任，通过这门课程，学生不仅能够学习马克思主义的唯物史观、剩余价值学说和科学社会主义等基本理论，而且能够掌握认识世界的科学方法。教育引导学生真正把握马克思主义的基本原理，意味着要帮助他们认识世界的物质多样性及其内在联系和发展变化的规律，这包括理解生产力与生产关系、经济基础与上层建筑之间的矛盾运动，以及这些矛盾如何推动社会历史的发展。此外，通过学习“两个决不会”原理，学生能够认识到社会形态的更迭是一个自然历史过程，“无论哪一个社会形态，在它所能容纳的全部生产力发挥出来以前，是决不会灭亡的；新的更高的生产关系，在它的物质存在条件在旧社会的胎胞里成熟以前是决不会出现的”。这有助于学生建立起对社会发展规律的深刻理解，为他们提供了正确认识世界的“望远镜”。

二、要教育引导学生了解世界的基本情况

教育引导学生全面了解世界的基本情况，是培养他们正确认识世界的重要基础，这不仅需要通过课程思政，还需要利用世界历史、地理等课程资源，系统地介绍和讲解有关世界的知识。通过这些课程，学生可以深入了解宇宙的奥秘、地球的演变历程、地形地貌的多样性、陆地与海洋的分布、山脉与河流的走向、自然资源的分布等，这些知识有助于他们建立起对自然世界的基本认知。同时，教育还应引导学生了解世界各国的历史背

景、经济发展水平、文化特色、生态环境等，这些内容有助于他们全面认识不同国家和民族的特点，及其在国际社会中的地位和作用。通过学习，学生能够认识到世界各国在经济全球化、政治多极化、文化多样化、社会信息化等背景下的相互联系和相互影响。了解联合国及《联合国宪章》是教育引导学生了解世界的重要内容之一，联合国作为最具普遍性、代表性、权威性的政府间国际组织，其宗旨和原则对于维护国际和平与安全、促进国际合作、解决国际问题具有重要意义，学生需要了解联合国在维护国际秩序、推动全球发展、保护人权和基本自由等方面的作用，理解其在协调各国行动中的中心地位。通过这些全面、详细的教育内容，学生可以了解世界的基本情况，培养他们的全球视野和国际意识。

三、要教育引导学生把握当今世界百年未有之大变局

教育引导学生把握当今世界百年未有之大变局，是培养学生正确认识世界的重点任务，这一变局是历史发展大势的重大战略判断，涉及国际格局、全球治理体系、国际力量对比的深刻调整和变革，其特点表现为变化的广度和深度，包括经济重心东移、科技革命、产业变革、新兴市场国家崛起、全球治理话语权转移等。这个百年大变局的根源在于科技和信息革命推动下的产业变革，生产力的迅猛发展，以及全球化的不断拓展，导致了生产关系和国际关系深刻调整，这是全球化作用的必然结果，其趋势是向着和平与发展、多极化、现代化等方向发展。这个变化是一个由量变到质变的渐进过程，目前世界力量结构尚未发生根本性变化，美国等西方国家仍在经济、科技、军事等方面占据优势地位，资本主义制度仍然具有顽强的生命力，资本主义与社会主义两种制度、两种道路的斗争也将是漫长的、持久的[①]。但和平、发展、合作、共赢的时代潮流不变，发展中国家和新兴市场国家的崛起势头不减，在应对逆全球化、保护主义等挑战时，要

① 何成．全面认识和理解“百年未有之大变局”[J]. 理论导报，2020，(01)：50.

坚定决心和信心，科学认识大局与全局的关系，积极应对当今世界百年未有之大变局。

第三节　全面了解国情

一、要教育引导学生把握我国的基本情况

教育引导学生了解和认清国情，是培养其国家意识和民族自豪感的重要环节，具体而言可以分两个方面开展：自然国情、人文国情。在自然国情方面，中国的地理环境多样，资源丰富，从巍峨的名山到蜿蜒的大河，从壮阔的自然景观到生物多样性的宝库，都是我们国家的宝贵财富。人文国情方面，中国是一个历史悠久、文化灿烂的国家，通过对中华优秀传统文化的传承和创新，以及中国特色社会主义政治、经济制度的讲解，学生能够深刻理解中国特色社会主义道路、理论体系、制度、文化的科学内涵和实践成就，认识到中国作为一个发展中的社会主义大国，在经济快速发展、社会长期稳定的同时，仍处于社会主义初级阶段，面临着诸多问题，需要我们共同努力解决。

二、要教育引导学生把握社会主义初级阶段

马克思主义理论中关于社会主义发展的阶段性问题，在中国的实践中得到了进一步的丰富和发展。中国目前正处于社会主义的初级阶段，这一论断包含两层含义：中国已经确立了社会主义制度，须坚守社会主义道路，不可偏离；中国的社会主义仍处于初级阶段，须基于这一实际情况出发，不可超越这个阶段。当前的主要矛盾体现在人民日益增长的美好生活需要和不平衡不充分的发展之间的矛盾。自改革开放以来，中国特色社会主义

取得了显著成就，例如，在航天科技、超级计算等高科技领域取得的重大进展，以及在脱贫攻坚、社会保障、医疗健康、国防安全等方面取得的巨大成功。这些成就使中国数亿人口摆脱了贫困，这是人类历史上的空前壮举。然而，中国在发展过程中也面临一些挑战，比如，实体经济的发展水平需要进一步提升，发展的质量和效益还有待提高等，这些问题提醒我们，中国的基本国情仍然是处于并将长期处于社会主义初级阶段，中国作为世界上最大的发展中国家的国际地位没有改变。须教育和引导学生清晰地认识到这一基本国情，坚持以经济建设为中心，坚持四项基本原则和改革开放，努力学习，为实现中国的社会主义现代化强国目标而奋斗。

三、要教育引导学生懂得中国特色社会主义新时代

随着中国特色社会主义事业迈入新时代，中华民族实现了从站起来、富起来到强起来的历史性飞跃，开启了实现中华民族伟大复兴中国梦的新篇章。这一时代展现了科学社会主义在当代中国的强大活力，也彰显了中国特色社会主义在全球舞台上的影响力。新时代背景下，中国特色社会主义在道路、理论、制度、文化等多个方面不断深化发展，为发展中国家走向现代化提供了新的参考路径。中国的发展理念和实践经验，为全球寻求发展与保持自身独立性的国家和民族提供了中国智慧、中国方案，为解决全球性问题贡献了中国力量。在这一新时代，中国社会的主要矛盾已经转化为人民日益增长的美好生活需要和不平衡不充分的发展之间的矛盾，人民对美好生活的向往更加广泛和深入，不仅体现在物质文化生活的更高要求，还包括对民主、公平、安全等多方面的需求。虽然我国社会生产力水平总体显著提升，但发展不平衡不充分的问题仍然存在，这已经成为影响满足人民日益增长的美好生活需要的主要因素。

要教育学生成为新时代的奋斗者，要求他们坚定理想信念，锤炼革命意志，积极投身于国家的发展和社会主义现代化建设中，要引导学生认识到，每个人都是新时代的见证者、开创者、建设者，鼓励他们以实际行动，

为实现全体人民共同富裕、为中华民族伟大复兴中国梦贡献青春和力量，激发学生的爱国热情和社会责任感，培养他们成为具有全球视野、创新精神和社会责任感的新时代青年，让生命之花在新时代美丽绽放，共同书写中华民族发展史上的辉煌篇章。

第四节 把握时代大势

一、要教育引导学生把握时代的根本走向

当今世界面临着许多复杂和不确定的因素，国际共产主义运动虽然经历了重大的挑战和挫折，但马克思主义的基本理论和其对社会发展规律的科学分析依然具有深远的意义。例如，马克思主义指出，生产力与生产关系、经济基础与上层建筑之间的矛盾是推动社会发展的根本动力，这一规律至今仍然适用。社会主义的发展并未因一时的挫折而停滞，它在不同国家和地区以不同的形式继续存在和发展，特别是中国特色社会主义，结合中国的实际情况，通过改革开放和现代化建设，取得了显著的成就。中国特色社会主义的成功实践，展示了社会主义制度的活力和优越性，证明了马克思主义关于社会发展的根本走向依然具有强大的生命力和实践价值。教育学生认识到这一时代背景和发展趋势，鼓励他们深入学习和理解马克思主义理论，把握社会主义发展的历史逻辑和现实意义，增强对中国特色社会主义的认同感和自豪感，激发他们为实现中华民族伟大复兴中国梦而努力奋斗的决心和信心。

二、要教育引导学生把握和平发展合作的时代潮流

当今世界正处在一个充满挑战和机遇的大发展、大变革、大调整时期，

尽管存在诸多不稳定和不确定因素，但和平与发展依然是时代的主旋律，全球治理体系和国际秩序正在经历深刻的变革，国际力量对比逐渐趋向平衡，多极化、社会信息化等的趋势不断深化，各国之间的相互联系和依存性日益加强。在这样的背景下，和平、发展、合作、共赢的理念愈发显得重要，各国需要顺应时代潮流，加强合作，共同应对挑战，推动全球治理体系的完善和国际秩序的公正合理。例如，俄罗斯和中国已经建立了全面战略协作伙伴关系，双方在多个领域保持高水平的互信与合作，俄罗斯对中国的快速发展持积极态度，并认为中国是重要的合作伙伴。中国作为一个经济和人口大国，正在快速发展，在全球舞台上的影响力日益增强，中国的发展不仅改变了自身的面貌，也为世界经济增长和全球治理提供了新的动力，重要的是，各国如何正确处理与中国的关系，如何在合作中实现共同发展，如何在竞争中寻求共赢，这需要智慧和远见，也需要开放和包容的心态。要教育引导学生，真正懂得：“任何单边主义、保护主义、极端利己主义，都是根本行不通的！任何讹诈、封锁、极限施压的方式，都是根本行不通的！任何我行我素、唯我独尊的行径，任何搞霸权、霸道、霸凌的行径，都是根本行不通的！不仅根本行不通，最终必然是死路一条！”教育引导学生自觉地做时代潮流的推进者。

三、要教育引导学生把握构建人类命运共同体

人类社会已经进入了一个高度互联互通的时代，在这个地球村里，各国人民的命运紧密相连，共同面对着希望与挑战并存的现实，面对全球性的问题和挑战，没有任何一个国家能够独善其身，也没有哪个国家能够退回到封闭孤立的状态。构建一个稳定、安全、繁荣、宽容和清洁的地球，需要全球公民和国家的共同努力，形成人类命运共同体。这要求国家之间建立基于相互尊重和平等对话的国际关系，通过合作、交流来解决分歧和冲突，共同应对全球性的挑战，如恐怖主义，以维护全球和平与安全。全球化的经济趋势是不可避免的，各国应通过推动贸易和投资的自由化和便

利化，引导经济全球化向更开放、包容、普惠、平衡、共赢的方向发展，实现全球经济的共同繁荣。同时，应尊重全球文化的多样性，通过文化交流和相互学习，促进不同文化之间的和谐共存。环境保护是构建人类命运共同体的重要组成部分，各国需要坚持环境的可持续性，合作对抗气候变化，保护自然环境，共同维护地球这一人类共同的家园。2017 年 2 月，构建人类命运共同体的理念被正式纳入联合国决议，显示了国际社会对该理念的广泛接受和支持。通过“一带一路”倡议，中国与参与国的合作关系日益紧密，推动了这些国家的经济发展，加强了彼此间的联系和互动。教育引导学生树立全球视野，培育“美美与共”“天下大同”的博大胸怀，对于培养他们成为具有国际视野的人才至关重要，要教育引导学生认识到，作为新时代的青年，不仅要为个人的发展而学习，更要为推动构建人类命运共同体、为世界的和平与发展作出应有的贡献。

四、要教育引导学生把握我国的外交政策

我国坚持和平、发展、合作、共赢的外交政策，基于和平共处五项原则深化与各国友好合作，推动建立相互尊重、公平正义、合作共赢的国际关系。尊重各国选择自身发展道路的权利，反对强权政治和干涉他国内政，维护国际公平正义，不以牺牲他国利益为代价发展，也坚决维护自身权益。中国奉行独立自主的和平外交政策和防御性国防政策，不称霸、不搞扩张，致力于构建稳定和均衡发展的大国关系框架，深化与周边及发展中国家的团结合作，加强对外交往，推进人民代表大会、军队、人民团体等的对外交流。坚持对外开放，积极促进“一带一路”合作，实现政策沟通、设施联通、贸易畅通、资金融通、民心相通，打造国际合作新平台。加大对发展中国家特别是欠发达国家的援助，支持多边贸易体制和自由贸易区建设，推动开放型世界经济。秉持共商共建共享原则，倡导国际关系民主化，支持联合国发挥积极作用，提升发展中国家在国际事务中的代表性和发言权。中国积极贡献智慧和力量，参与全球治理体系改革和建设，得到国际社会

广泛赞同。“一带一路”倡议为沿线合作伙伴带来机遇，促进相关国家和地区间的经济联系，中国与中东欧国家合作，有利于推动双方贸易，并促进双方在技术、科研等领域的交流合作。“‘一带一路’将进一步促进中国与东盟在基础设施建设、互联互通等方面全方位合作，为地区和全球带来繁荣。”教育引导学生了解我国外交政策，自觉维护国家利益，成为世界和平与发展的维护者、建设者、贡献者。

第五节 与历史文化相融合

历史不仅是人类社会发展的见证，更是教育和启迪后人的重要资源，它像一本厚重的教科书，记录着过去的经验与教训，为后人提供了宝贵的启示和指导。在思想政治教育中，历史的作用尤为重要，它不仅是知识的传授，更是价值观念和思想理念的塑造。“坚持把马克思主义基本原理同中国具体实际相结合、同中华优秀传统文化相结合”，这一指导思想为我们指明了教育的方向，在讲授大思政课时，应将历史文化与理论紧密结合，深入挖掘历史文化的内涵，同时展示新时代中国特色社会主义的伟大成就。通过这种方式，学生可以从历史文化中汲取智慧和力量，形成大历史观，认识中国共产党的伟大成就、梳理马克思主义理论核心、了解中国特色社会主义的好，通过学习历史，学生能够明理、增信、崇德、力行，增强对中国特色社会主义道路的自信，坚定理想信念，提升道德修养，激发实践动力。这种教育方式有助于学生永葆初心，始终牢记为人民服务的根本宗旨，勇担使命，积极投身于国家的现代化建设中，为实现中华民族伟大复兴的中国梦贡献力量。

一、要结合历史文化成就

（一）要结合中华文明史

中华民族历史源远流长，文化博大精深，是人类文明的重要组成部分，从百万年的人类史、万年的文化史和千年的文明史，中华民族在东方大地上孕育了独特的文明成果。北京猿人发明的人工用火术、远古时期的农耕和乐器的发明、天文的观察等，无不展现了中华民族的智慧和创造力。古代的农业技术、“四大发明”、漆器、丝绸、瓷器等，不仅在中国历史上占有重要地位，也对世界文明产生了深远的影响。儒家、道家、墨家、法家等多元的文化思想，构成了中华文化的丰富内涵，体现了中华民族的哲学智慧和道德观念，这些文化成就不仅为中华民族的发展提供了坚实的基础，也为世界文明的交流互鉴作出了重要贡献。在大思政课的教学中，要引导学生深刻理解中华文明的独特价值和意义，培养学生的历史视野，增强其民族自豪感和自信心。可以说，不懂中华文明，就讲不好大思政，比如，《二程文集》中讲：“心一也，有指体而言者，有指用而言者，唯观其所见何如耳。”也就是说，心有本体的意思。如果不了解这一点，也就不能真正理解“以人民为中心的发展思想”。

（二）要结合近代斗争史

中国历史悠久，从远古的伏羲、神农等时期，经历夏商周的民族融合，到秦朝建立郡县制实现统一，尽管历史上有分合，中国始终保持独立。1516 年葡萄牙人到达广东，1553 年获得澳门居住权，1840 年鸦片战争后，中国被迫签订不平等条约，逐渐沦为半殖民地半封建社会，面对民族危机，中国发生了太平天国运动、洋务运动、戊戌变法和辛亥革命等一系列变革尝试，但均未根本改变国家命运。1915 年新文化运动兴起，1917 年俄国十月革命带来马克思主义，1919 年五四运动促进了马克思主义与中国工人运动的结合，1920 年中国共产党早期组织建立，1921 年中国共产党正式成立，领导中国人民建立新中国，发展经济，建立社会主义制度，开辟中国特色社会主义道路，实现香港、澳门回归，推动国家强盛。我国近代斗争史为上好大思政课提供了丰富的教育素材，要通过中国近代史纲这门课程，搞好课程思政，教育引导学生坚持共产党领导、选择马克思主义、走社会主义和中国特色社会主义道路，引导学生从历史中吸取教训，坚定“四个自信”，为民族复兴奋斗。

（三）要结合“四史”

“四史”即党史、新中国史、改革开放史、社会主义发展史，构成了大思政教育的基本内容和重点任务。根据《关于在全社会开展党史、新中国史、改革开放史、社会主义发展史宣传教育的通知》等相关通知要求，要通过加强组织领导、丰富活动载体、利用网络平台等方式，深入开展“四史”学习教育，通过读书学史、基层宣讲、学习体验等活动，以习近平新时代中国特色社会主义思想为学习宣传主线，学习重要理论，阅读相关著作，了解重要历史事件、会议、文件、人物等历史事实，理清历史脉络，准确把握党史、新中国史、改革开放史、社会主义发展史的主题主线和主流本质，反对历史虚无主义，树立正确的国家观、历史观等观念，认识党的伟大贡献，感悟其初心宗旨，理解中国特色社会主义的来之不易。深刻把握党的历史发展主题和主线、主流和本质，真正读懂党、读懂新中国、读懂改革开放、读懂社会主义，认识中国共产党成就、梳理马克思主义理论核心、了解中国特色社会主义的好，感悟马克思主义的真理力量，懂得中国特色社会主义的制度优势，增强对国家、民族、文化和中国特色社会主义的认同，传承党的伟大精神，激发爱国热情，坚定“四个自信”，听党话、跟党走，在社会主义现代化建设中贡献力量。

（四）要结合新时代中国特色社会主义伟大成就

新时代，面对国内外形势复杂多变，党中央结合马克思主义基本原理与中国实际情况，发展了习近平新时代中国特色社会主义思想。这一思想成为应对各种风险挑战、推动国家发展的行动指南。从实施中央八项规定着手，通过全面从严治党的自我革命引领社会革命，坚持稳中求进的工作总基调，统筹推进“五位一体”的总体布局，协调推进“四个全面”战略布局，旨在坚持和完善中国特色社会主义制度，推动国家治理体系和治理能力的现代化，促进国家事业实现历史性变革。在经济发展领域，取得了历史性的成就，包括全面打赢脱贫攻坚战，使数千万人口摆脱了贫困。改革在多个领域取得了重大进展，文化和思想建设实现了显著突破，生态文明建设取得了实际成效，国防和军队现代化开启了新篇章，党的建设取得了显著成就，全面从严治党不断深化。通过提出一系列创新的理念和战略，实施了一系列重大政策和措施，解决了长期悬而未决的问题，完成了以往未能完成的重大任务。要教育和引导学生深刻理解习近平新时代中国特色社会主义思想的重大成就和历史性变革，认识到确立领导核心的重要性，增强政治意识、大局意识、核心意识、看齐意识，坚定道路自信、理论自信、制度自信、文化自信，坚决维护领导核心的地位和权威。

二、认识中国共产党成就

（一）中国共产党坚强有力

中国共产党之所以能够领导中国人民取得一系列历史性成就，关键在于党的坚强有力，这种力量源自坚持党的集中统一领导的多方面优势。首先，坚持的优势体现在党的长期奋斗目标上，中国共产党自成立以来，始终不渝地为共产主义伟大目标而努力，这种坚持不懈的精神贯穿于党的一切工作和斗争中，正是这种持之以恒的精神，赋予了党在社会主义现代化建设中持续奋斗的力量，无论是百年大计还是终身事业，甚至是代代相传的使命，都能够坚定不移地推进，展现出强大的定力和不屈不挠的决心。其次，集中的优势体现在党的民主集中制原则和与人民群众的紧密联系上，通过集中力量办大事，汇聚全党和全国各族人民的智慧与力量，形成强大的组织力和执行力，这种集中力量的优势，使得党在面对各种困难和挑战时，能够迅速作出决策，高效动员资源，集中力量解决问题。再次，统一的优势体现在党的统一意志和行动上，党有统一的纲领、章程、奋斗目标、宗旨、政治原则、指导思想、组织和纪律，这些统一性确保了全党行动的一致性，避免了各自为政和内耗，为实现国家的发展目标提供了坚实的组织保障。最后，领导的优势体现在党的科学决策和正确引领上，党的领导建立在马克思主义科学理论之上，没有自己的私利，始终代表最广大人民的根本利益，因此能够得到人民群众的广泛支持和拥护，这种领导优势，使得党能够科学制定政策，顺利推进工作，引领中国特色社会主义事业不断前进。

这些优势是中国共产党能够成功领导中国人民进行革命、建设和改革的根本保证，也是党能够在新时代继续推动国家发展、实现中华民族伟大复兴中国梦的关键所在。

（二）中国共产党紧紧依靠人民

中国共产党的力量源泉在于紧密依靠人民，这是党的最大优势。人民是历史的创造者，是推动社会进步的根本力量，党始终代表最广大人民的根本利益，全心全意为人民服务是党的根本宗旨。正如本雅明·波戈相所说的：“中国共产党始终把让中国民众过上幸福生活当作自己的最高使命。正是这种以人为本的执政理念，让中国共产党保持了蓬勃生机。”为了人民、依靠人民，党赢得了人民群众的真心拥护和支持，这成了创造物质财富、精神财富和社会变革的不竭动力。历史上的淮海战役、渡江战役等重大胜利，都离不开人民群众的积极参与和无私奉献。坚持人民当家作主，确保人民的主体地位，可以充分发挥人民的自主性、能动性和创造性，将14亿多人的创造力汇聚成推动历史前进的强大力量。发展全过程人民民主，让人民充分表达自己的意见和建议，让人民的思想观念充分交流和碰撞，不仅能够统一思想，而且能够接近客观真理，集中全体人民的智慧。密切联系群众，与群众同甘共苦，凝聚和运用人民群众的智慧，是中国共产党的独特优势，这种优势源于中国共产党的党性，是其他政党难以模仿的。党始终与人民心连心、同呼吸、共命运，紧紧依靠人民推动国家发展，这是党赢得革命、建设、改革胜利的重要法宝。

（三）中国共产党有科学理论指导、有坚定理想信念、有严密组织体系、有铁的纪律

党的科学理论作为党的指导思想和行动指南，赋予党的领导三大优势：一是方向优势，党的科学理论揭示了共产党执政、社会主义建设和人类社会发展的规律，并为党的领导指明实现共产主义、社会主义和服务人民的方向，确保党的领导有明确方向；二是世界观方法论优势，通过党的科学理论，特别是辩证唯物主义和历史唯物主义提供的科学世界观、方法论，如实事求是、群众路线，使党的领导成为有科学的世界观方法论的领导；三是立场优势，党的科学理论强调世界的物质统一性和人民群众的创造性，确立了党同人民群众的紧密联系，确保领导以人民为中心，获得人民的广泛支持。

理想信念，作为共产党的精神支柱和行动指南，是推动社会进步和民族复兴的不竭动力，它不仅是对马克思主义的坚定信仰，对共产主义理想的崇高追求，更是对中国特色社会主义共同理想的执着追求，以及对实现中华民族伟大复兴中国梦的坚定信心。理想信念如同砥柱中流，无论时代如何变迁，始终指引着我们前进的方向，它是我们在面对困难和挑战时的精神力量，是激励我们不断奋斗、勇往直前的力量源泉。正如夏明翰烈士的就义诗所表达的那样，“砍头不要紧，只要主义真。杀了夏明翰，还有后来人！”即使面临生死考验，也绝不放弃对理想信念的坚守，这种精神力量是任何物质力量都无法替代的。坚定的理想信念，使我党在历史的长河中始终保持清醒的头脑和坚定的步伐。它让党在面对各种风险和挑战时，能够保持战略定力，不畏浮云遮望眼，不为乱云飞渡所动摇。在挫折中奋起，在苦难中创造辉煌，展现出共产党人不畏艰难、勇于斗争的革命精神。

中国共产党的严密组织体系是其强大领导力和组织力的重要保障。中

共中央组织部于2024年6月30日发布的《2023年中国共产党党内统计公报》显示，中国共产党党员总数为9918.5万名，全国共有党的各级地方委员会3199个，其中，省（区、市）委31个，市（州）委397个，县（市、区、旗）委2771个，中国共产党现有基层组织517.6万个，其中，基层党委29.8万个，总支部32.5万个，支部455.4万个。城市街道、乡镇、社区（居委会）行政村党组织的覆盖率均超过99.9%，机关、事业单位、企业和社会组织党组织基本实现了应建尽建。我党坚持“党政军民学，东西南北中，党是领导一切的”原则，确保党的领导贯穿于国家和社会生活的各个方面。“支部建在连上”和“一切工作到支部”的理念，更是将党的组织优势和组织力发挥到极致，确保党的决策和部署能够迅速、有效地在基层得到贯彻执行。这种组织体系如同一棵根系发达的参天大树，不仅根深蒂固，而且枝繁叶茂，它使得我们党能够深入到社会的每一个角落，了解群众的需求，解决群众的问题，从而获得广泛的社会支持和信任。同时，这种组织优势也为党的决策提供了坚实的基础和保障，确保党的决策更加科学、合理，更符合人民群众的利益。

铁的纪律是我们党保持先进性和纯洁性的重要保障，它确保了党的集中统一和行动的一致性。纪律的严格执行不仅体现在党的各级组织，更深入每一个党员的心中，我们党的纪律体系涵盖了政治纪律、廉洁纪律、工作纪律等多个方面，还构建了一个全方位、多层次的纪律监督体系，党的中央纪律检查委员会以及地方各级纪律检查委员会和基层纪律检查委员会，是执行和监督纪律的关键机构，它们的存在和工作确保了党的纪律得到切实执行，任何违反纪律的行为都将受到严肃处理。党章明确规定，党组织必须严格执行和维护党的纪律，共产党员必须自觉接受党的纪律的约束，这种自觉性是党员对党忠诚的体现，也是党保持强大凝聚力和战斗力的基础。党员在入党时所作出的“严守党的纪律”的庄严承诺，不仅是对个人行为的约束，更是对党忠诚的宣誓，对于违反党的纪律的行为，我们党采取了严格的处分措施，这种铁的纪律，不仅维护了党的团结统一，也增强了党的组织力和战斗力，使我们党在各种困难和挑战面前始终保持坚强和有力。

除了上述三个方面，认识中国共产党的成就还要关注以下几个方面：一是中国共产党的自我革命，坚持党要管党、全面从严治党，以政治建设为统领，推进自我净化、自我完善、自我革新、自我提高，保持党的生机活力；二是初心使命，即为中国人民谋幸福、为中华民族谋复兴，这是党的根本动力，激励着党不断前进，勇于变革和创新；三是中国共产党的基因密码，马克思主义与中国工人运动构成党的理论基础和阶级基础，决定党的立场、观点、方法和目标方向，为党提供了行动的力量。

三、梳理马克思主义理论核心

（一）马克思主义理论创造性地揭示了人类社会发展规律

马克思主义之所以能够超越以往的社会主义学说，是因为它在继承和吸收这些学说的优秀成果的基础上，进行了深刻的理论创新和实践探索，马克思主义创立了唯物史观和剩余价值学说，这不仅揭示了人类社会发展的一般规律，更深刻地分析了资本主义社会的运行规律，为社会主义的发展提供了科学的理论指导。中国的马克思主义之所以行，是因为它不是简单地复制马克思主义的一般原理，而是将其与中国的具体实际相结合，创造性地发展了马克思主义，在中国革命、建设、改革的各个历史阶段，中国共产党始终坚持从中国的实际出发，不断探索适合中国国情的发展道路，形成了一系列具有中国特色的社会主义理论成果。习近平新时代中国特色社会主义思想坚持解放思想、实事求是、与时俱进、求真务实，坚持辩证唯物主义和历史唯物主义，紧密结合新的时代条件和实践要求，以全新的视角深化了对共产党执政规律、社会主义建设规律、人类社会发展规律的认识，为中国特色社会主义事业的发展提供了科学的理论指导和行动指南。

（二）马克思主义第一次创立了人民实现自身解放的思想体系

在阶级社会中，政治理论的阶级性显著，马克思主义之前的理论，如古典政治经济学和庸俗政治经济学，都服务于统治阶级的利益，维护其统治地位。与之形成鲜明对比的是，马克思主义第一次站在人民的立场上，探求人类的自由解放，公开宣称其为无产阶级和广大人民的利益服务，这在历史上具有划时代的意义。在此层面上来说，马克思主义之所以能够行之有效，是因为它代表了人民的根本利益，其理论和实践都深深植根于人民的实践之中。在中国，马克思主义不是抽象的理论，而是与中国人民的实际紧密结合，转化为推动社会进步和人民福祉的强大力量，习近平新时代中国特色社会主义思想之所以行，是因为它坚持以人民为中心的发展思想，把人民的主体地位放在首位，坚持立党为公、执政为民的原则，确保人民至上、生命至上。这一思想体现了全心全意为人民服务的根本宗旨，将党的群众路线贯彻到治国理政的各个方面，确保人民对美好生活的向往成为党和国家工作的出发点、落脚点。依靠人民，是习近平新时代中国特色社会主义思想的重要特征，强调依靠人民群众的智慧和力量，创造历史的伟业，将人民的创造力和实践能力转化为推动社会发展的强大动力，通过不断满足人民日益增长的美好生活需要，中国共产党领导人民在实现中华民族伟大复兴的征程上不断取得新的成就。

（三）马克思主义是实践的理论，是指引人民改造世界的行动

马克思主义的实践观是对传统哲学实践概念的深刻革新。它突破了黑格尔将实践视为抽象精神活动的思想，超越了费尔巴哈将实践简单等同于日常生活琐事的观点，首次将实践定义为人们有目的、能动地改造世界的社会性的客观物质活动。马克思主义的实践性，不仅为理论提供了检验的标准，更为理论转化为现实提供了路径和方法。它强调理论须服务于实践，通过实践来检验、丰富和发展，这种理论与实践相结合的科学态度，是马克思主义区别于其他理论的重要特征，也是马克思主义具有强大生命力和

实践指导意义的关键所在。在习近平新时代中国特色社会主义思想中，这种实践性得到了进一步的强调和发展，倡导以“干”字当头，坚持学习与实践相结合，不断在实践中深化认识、提升能力、推动工作，强调抓铁有痕、踏石留印的工作作风，以钉钉子精神确保每一项工作落到实处、见到实效。

（四）马克思主义是不断发展的开放的理论，始终站在时代前沿

马克思主义之所以能够跨越时间和空间的限制，持续展现其强大的生命力和影响力，根本原因在于其内在的发展开放性，恩格斯认为，我们的理论是发展着的理论，而不是必须背得烂熟并机械地加以重复的教条。这种开放性体现在对自身理论的持续审视和更新，以及对时代变化的敏锐反应和适应，《共产党宣言》的多次序言更新，正是马克思主义理论开放性的具体体现。“一部马克思主义发展史就是马克思、恩格斯以及他们的后继者们不断根据时代、实践、认识发展而发展的历史，是不断吸收人类历史上一切优秀思想文化成果丰富自己的历史。”这种开放的态度，使得马克思主义能够不断吸收新的实践经验，融合新的科学成果，从而保持其理论的活力和时代感。在中国，马克思主义的开放性得到了充分的体现和发挥，中国共产党坚持将马克思主义基本原理与中国的具体实际和时代特征相结合，创立和发展了中国特色社会主义理论体系。这一理论体系不是封闭的，而是开放的，它不断吸收中国革命、建设、改革的实践经验，不断融合中国传统文化和现代社会的文明成果，与时俱进，创新发展。习近平新时代中国特色社会主义思想，是马克思主义中国化的最新理论成果，它坚持问题导向，紧密联系新时代中国的实际，不断深化对共产党执政规律、社会主义建设规律、人类社会发展规律的认识，强调理论创新、实践创新、制度创新、文化创新以及其他各方面创新，推动中国特色社会主义事业不断取得新的成就。

四、了解中国特色社会主义的好

（一）中国特色社会主义是社会主义

中国特色社会主义之所以是社会主义，是因为它坚持了科学社会主义的基本原则，这些原则是社会主义理论的基石，也是中国特色社会主义能够持续发展和进步的根本原因。首先，中国特色社会主义坚持以马克思主义为指导，确保了理论与实践的统一，为社会发展提供了科学的理论基础。其次，共产党的领导是中国特色社会主义最本质的特征，它确保了国家政治稳定和社会和谐，为经济社会发展提供了坚强的政治保证。再次，人民当家作主是中国特色社会主义民主政治的本质要求，体现了社会主义民主的广泛性和真实性，保障了人民的根本利益和广泛参与。最后，公有制的主体地位是中国特色社会主义经济制度的基础，它确保了经济发展的社会主义方向，促进了社会财富的公平分配。中国特色社会主义之所以好，是因为它从根本上解决了生产力与生产关系、经济基础与上层建筑之间的矛盾，推动了生产力的解放和发展，促进了社会的全面进步，它符合人类社会发展的趋势和规律，是一条人间正道，是实现社会主义现代化和中华民族伟大复兴的正确道路。

（二）中国特色社会主义具有鲜明的中国特色

中国的社会主义路径是在深刻整合中国历史经验与全球社会主义运动规律的基础上形成的，这一路径既秉承了科学社会主义的根本原则，又展现了独特的时代精神和民族特色，这种融合反映了对中国具体国情的深入洞察和科学分析，是马克思主义理论在中国的本土化、现代化、普及化。首先，中国特色社会主义理论体系的核心在于坚持马克思主义的指导地位，确保理论的科学性和前瞻性，通过持续的理论创新和实践探索，形成了一系列符合中国国情的理论成果，为中国特色社会主义的发展提供了坚实的理论基础。其次，在领导体系上，中国特色社会主义强调共产党的核心领导地位，这是其最根本的特征和最大的优势，它确保了中国特色社会主义事业的正确方向和健康发展。再次，在民主政治方面，中国特色社会主义坚持人民的主体地位，这是其民主政治的本质特征，通过实行一系列基本政治制度，确保了人民的广泛参与和民主权利的实现。然后，在经济制度上，中国特色社会主义坚持公有制为主体、多种所有制经济共同发展的基本经济制度，以及按劳分配为主体、多种分配方式并存的分配制度，这些制度既体现了社会主义的基本原则，又适应了中国经济发展的实际需要，促进了经济的快速发展和社会的全面进步。最后，在市场经济体制上，中国特色社会主义坚持计划和市场相结合的社会主义市场经济体制，通过充分发挥市场在资源配置中的决定性作用，同时更好地发挥政府的作用，中国特色社会主义市场经济体制为中国经济的持续健康发展提供了强大动力。中国特色社会主义是实现中华民族伟大复兴的必由之路。

（三）中国特色社会主义具有制度优势

党的十九届四中全会将其概括为十三个方面的显著优势，即：坚持党的集中统一领导，坚持党的科学理论，保持政治稳定，确保国家始终沿着社会主义方向前进的显著优势；坚持人民当家作主，发展人民民主，密切联系群众，紧紧依靠人民推动国家发展的显著优势；坚持全面依法治国，建设社会主义法治国家，切实保障社会公平正义和人民权利的显著优势；坚持全国一盘棋，调动各方面积极性，集中力量办大事的显著优势；坚持各民族一律平等，铸牢中华民族共同体意识，实现共同团结奋斗、共同繁荣发展的显著优势；坚持公有制为主体、多种所有制经济共同发展和按劳分配为主体、多种分配方式并存，把社会主义制度和市场经济有机结合起来，不断解放和发展社会生产力的显著优势；坚持共同的理想信念、价值理念、道德观念，弘扬中华优秀传统文化、革命文化、社会主义先进文化，促进全体人民在思想上精神上紧紧团结在一起的显著优势；坚持以人民为中心的发展思想，不断保障和改善民生、增进人民福祉，走共同富裕道路的显著优势；坚持改革创新、与时俱进，善于自我完善、自我发展，使社会始终充满生机活力的显著优势；坚持德才兼备、选贤任能，聚天下英才而用之，培养造就更多更优秀人才的显著优势；坚持党指挥枪，确保人民军队绝对忠诚于党和人民，有力保障国家主权、安全、发展利益的显著优势；坚持“一国两制”，保持香港、澳门长期繁荣稳定，促进祖国和平统一的显著优势；坚持独立自主和对外开放相统一，积极参与全球治理，为构建人类命运共同体不断作出贡献的显著优势。

综上所述，中国特色社会主义的制度优势是多层次、多方面的，它们在不同层面上相互补充、相互促进，形成了一个有机统一的整体。在小优势层面，如全面依法治国，体现了法治的全面性和深入性，保障了社会公平正义和秩序稳定；中优势层面，如经济、政治、文化、社会、生态文明等方面，都具有独特的制度安排和实践成果，展现出中国特色社会主义的全面性和协调性；大优势层面，则是指这十三个方面的全部集合，它们共同构成了中国特色社会主义的显著优势，彰显出其强大的生命力和优越性。这种制度优势不仅推动了中国的快速发展，也为人类社会的发展提供了新的选择和借鉴。

第三章 “大思政课”创新建设的主线

第一节 坚持“八个相统一”

一、坚持政治性和学理性相统一

思政课讲的是政治问题，政治性是其首要属性，政治引导是其基本功能。同时，思政课讲的是政治理论，是以理服人，学理性是其基本属性。思政课的政治性和学理性的双重属性，决定了其必须在坚持正确的政治方向的同时，注重理论的深度和广度，确保教育内容的科学性和说服力。

首先，思政课的政治性要求我们必须坚定不移地贯彻党的教育方针，坚持社会主义核心价值观，引导学生树立正确的世界观、人生观和价值观，这种政治引导不仅体现在课程内容的选择和讲授上，更体现在对学生思想行为的引导和塑造上，通过政治教育，帮助学生理解国家的发展战略、社会的进步方向，培养他们的社会责任感和历史使命感。其次，思政课的学理性要求注重理论的深度和广度，以科学的态度和方法，深入探讨和阐释政治理论，这种学理性不仅要求教师具备扎实的理论功底，更要求教师能够将抽象的理论具体化、生动化，使之更加贴近学生的思想实际和生活实际，通过学理教育，帮助学生理解理论的内在逻辑和实践价值，培养他们的批判性思维和创新性思维。再次，在思政课的改革创新中，须深化教育改革，破除体制机制障碍，建立既讲政治又讲学理的思政教师队伍，这需要在教师的选拔、培养和使用上，注重政治素质和学术素质的双重要求，确保教师既懂政治又懂理论。还要建立政治与学理统一的教学管理体制，确保教学内容和教学方法的科学性和系统性。开展政治与学理统一的教学，培养既懂政治又懂理论的人才，是思政课改革的重要目标，这需要在教学内容的设计、教学方法的选择、教学效果的评估上，注重政治与学理的有机结合，确保教学内容既有理论深度又有实践指导意义。通过这样的教学，帮助学生在理解理论的同时，能够将其应用于实际，解决实际问题。最后，实现思政课的政治性与学理性的有机统一，并以这种统一的状况，检验思政课改革的成效，这不仅是对思政课教学效果的检验，更是对教育改革成果的检验，通过不断地改革创新，提升思政课的教学质量和教育效果，为培养德智体美劳全面发展的社会主义建设者和接班人做出更大的贡献。

二、坚持价值性和知识性相统一

思政课作为高校教育的重要组成部分，其内在要求不仅在于传授政治方面的基本知识，更在于通过这些知识引导学生形成科学的世界观和方法论，这种教育不仅要让学生掌握知识，更要让学生理解知识背后的价值和意义，从而正确地认识世界和改造世界。知识性与价值性的统一是思政课教学的内在要求，知识性强调的是对学生进行系统的政治理论教育，确保他们能够全面、准确地掌握政治学科的基本原理和知识体系；价值性则更注重这些知识在实际生活中的应用，强调通过教育引导学生树立正确的价值观念，培养他们的社会责任感和历史使命感。在思政课的教学改革中，不仅要深化教育理论的研究，更要注重教学方法的创新，通过实践性教学，将理论知识与实际生活紧密结合，使学生能够在真实的社会环境中体验和理解知识的价值，走进历史，走进中国特色社会主义建设的实践，让学生在参与和体验中深化对知识的理解，增强他们的价值认同。此外，强化思政课的价值性教学环节，不仅是对教学内容的深化，也是对学生思想的引导，通过价值性教学，激发学生的学习兴趣和求知欲，使他们能够主动地探索知识、追求真理，这种教学方式有助于培养学生的批判性思维和创新性思维，使他们能够在未来的生活和工作中更好地运用所学知识，实现个人价值和社会价值的统一。最后，通过这种知识性与价值性相统一的教学，检验思政课改革创新的成效，这种统一不仅体现在教学内容和方法上，更体现在学生的综合素质和能力上，通过不断地教育实践和教学改革，提升思政课的教学质量和教育效果，为培养德智体美劳全面发展的社会主义建设者和接班人做出更大的贡献。

三、坚持建设性和批判性相统一

思政课的建设性和批判性是实现教育目标的两个重要方面，建设性要求思政课在传播主流意识形态的同时，积极构建学生的正确世界观、人生观和价值观，为学生提供精神指引和思想支持；批判性则要求思政课勇于面对各种错误观点和思潮，通过深入剖析和批判，培养学生的辨识能力和批判性思维，引导他们形成独立思考的习惯。在思政课的教学实践中，建设性和批判性不是孤立的，而是相辅相成的，建设性为批判性提供了坚实的理论基础和价值导向，而批判性则为建设性提供了不断自我完善和发展的动力，只有将两者统一，思政课才能更好地服务于学生的成长和社会的发展。当前，思政课教师在认识水平和能力上需要进一步提升，社会环境和体制机制也需要进一步优化。为此，须深化改革，建立科学的评价体系，既要鼓励教师在学术研究上勇于探索，又要确保他们在宣传上严格遵守纪律，通过这种改革，可以更好地激发思政课教师的主动性和创造性，提高思政课的教学质量和效果。此外，实现思政课建设性和批判性的良好统一，还需要在教学内容、教学方法和教学评价上进行创新，教学内容要紧跟时代发展，及时反映社会变化和学生需求；教学方法要注重互动和实践，提高学生的参与度和体验感；教学评价要全面客观，既要评价学生的知识掌握情况，也要评价他们的价值观念和思维方式。最终，通过深化改革和创新，实现思政课建设性和批判性的有机统一，以政治与学理实际统一的状况，检验思政课改革的成效，这不仅能够提升思政课的吸引力和说服力，也能够为培养具有社会责任感、创新精神和实践能力的社会主义建设者和接班人提供有力支持。

四、坚持理论性和实践性相统一

思政课的理论性和实践性是相辅相成、不可分割的两个方面，理论性是思政课的内在属性，它要求在教学中深入挖掘和阐释马克思主义理论的深刻内涵，确保学生能够系统掌握科学社会主义的理论体系，而实践性则是思政课服务于社会主义事业的具体体现，它要求将理论与实践紧密结合，引导学生在实践中体验、应用并发展理论。为了加强思政课的师资队伍建设，需要加大对思政课教师的培训和专业发展的支持，提升他们的理论素养和实践能力。同时，增加经费投入，为思政课的教学改革和实践教学提供充足的物质保障，还要优化社会与学校的沟通机制，建立校内外相结合的实践教学平台，使学生能够在更广阔的社会环境中学习和成长。深化思政课改革，要在重视理论教学的基础上，加强实践教学的比重。通过组织学生参与社会实践、志愿服务、社会调研等活动，使学生能够将所学理论知识与现实问题相结合，提高他们的实践能力和创新能力。同时，教育引导学生将个人理想与国家发展紧密结合，鼓励他们将远大的人生抱负转化为具体的实际行动。通过这些措施，实现思政课教学的理论性和实践性的有机统一，能够提高思政课的教学质量和效果，也能为学生的成长和发展提供更加全面的支持，以这种统一为标准，检验思政课改革的成效，确保思政课在培养社会主义建设者和接班人中发挥更大的作用。

五、坚持统一性和多样性相统一

思政课的统一性和多样性是确保教学质量和效果的关键因素，统一性确保了思政课在教学目的、课程设置、教材使用、教学管理等方面具有规范性和统一性，这对于维护国家意识形态安全、传播主流价值观具有重要意义；多样性则体现了思政课在不同地区、不同学校、不同学生群体中的灵活性和适应性，有助于满足不同学生的认知需求和个性化发展需要。在当前思政课教学中，统一性得到了较好的体现，但在多样性方面还有提升空间，为了更好地实现统一性和多样性的有机结合，需要深化教材和教学管理的改革。一方面，要不断完善教材内容，使之既具有理论的深度和广度，又能够贴近学生的生活实际和思想实际；另一方面，要创新教学管理方式，建立更加开放和灵活的教学机制，鼓励教师在遵循教学基本要求的前提下，发挥自己的创造性和主动性。此外，要完善教学机制，建立科学的评价体系，既评价教师的教学效果，也评价学生的理论学习和实践应用能力，通过这种方式，可以激发教师的教学热情和创新精神，提高学生的学习兴趣和参与度。最终，通过深化思政课改革，实现统一性和多样性的良好统一，以丰富的教学内容、具有特色的教学方式，提高思政课的吸引力，检验思政课改革的成效，推动思政课教学不断向前发展。

六、坚持主导性和主体性相统一

思政课教学的核心在于教师与学生之间的互动，这种互动不仅涉及知识的传授，更涉及价值观的塑造和思想的引导，教师在这一过程中扮演着引领者和指导者的角色，其主导性作用至关重要，他们通过精心设计教学内容和方法，引导学生深入理解和掌握马克思主义理论，培养学生的批判性思维和创新性思维。同时，学生作为学习的主体，他们的主动性、积极性和创造性是教学成功的关键，“师父领进门，修行在个人”，学生是教学的主体，需要在教师的引导下，通过自身的努力和实践，实现知识的内化和能力的提高。当前，影响思政课教学效果的因素是多方面的，包括社会环境、教学管理、教师考核评价体系、职称评定标准以及教学环境等，为了提升思政课的教学质量，需要在全社会范围内推进全面深化改革，特别是要深化教育领域的改革，这包括优化教学管理体制，建立科学合理的教师考核评价机制，改革职称评定标准，营造积极向上的校园文化氛围。通过这些措施，激发教师的教学热情和创新精神，提高学生的学习兴趣和参与度，促进教师主导性和学生主体性的有机统一，这种统一能够提升思政课的教学效果，也能够培养学生的综合素质和社会责任感，为他们的全面发展奠定坚实的基础。最终，通过不断地改革和创新，实现思政课教学的主导性和主体性的有机统一，提升思政课教与学的双重效果，并以这种统一的成效，检验和改进思政课改革工作。

七、坚持灌输性和启发性相统一

灌输性与启发性在思政课教学中是相辅相成的两种教学属性，它们共同构成了思政课教学的完整体系，灌输性强调教师将马克思主义的基本原理和社会主义核心价值观传授给学生，确保学生能够接受和理解这些基本理论，而启发性则更注重激发学生的思考能力，通过引导学生主动探索和深入分析，帮助他们形成独立的思考和判断。在实际教学中，灌输性与启发性的统一是提升思政课教学效果的关键，教师不仅要传授知识，更要通过提问、讨论、案例分析等多样化的教学手段，引导学生深入思考，激发他们的学习兴趣和创造力，通过讲故事的方式，将抽象的理论与具体的历史事件、人物故事相结合，使学生能够在生动的教学情境中理解和掌握理论知识，增强教学的吸引力和感染力。当前，思政课教学中存在一些需要改进的问题，如灌输性教学与启发性教学的不平衡，以及教学方法有待丰富等，这既有教学习惯的影响，也有教学管理体制的影响。为了解决这些问题，需要深化思政课教学管理改革，创新教学思路和方法，建立更加开放和灵活的教学机制。此外，教师在进行理论灌输的同时，要善于运用故事化的手法，讲好中华民族的故事、中国共产党的故事、中华人民共和国的故事、中国特色社会主义的故事和改革开放的故事，尤其是新时代的故事。这些故事不仅能够丰富教学内容，更能够启迪学生对理论知识的深入理解，增强他们的国家意识和时代责任感。通过深化思政课教学改革，实现灌输性与启发性的有机统一，提升思政课的教学效果，培养学生的综合素质和社会责任感，以此检验和改进思政课改革工作。

八、坚持显性教育和隐性教育相统一

在我国社会主义教育体系中，思政课作为显性教育的重要组成部分，承担着传授中国特色社会主义理论体系知识的重要任务，它以直接、明确的方式对学生进行思想政治教育，是立德树人的重要途径。与此同时，隐性教育，即课程思政，通过其他专业课程的教学，间接地融入思想政治教育元素，对学生的思想观念和价值取向产生潜移默化的影响。显性教育与隐性教育相辅相成，共同构建了全方位育人的教育环境，显性教育的明确性和系统性为隐性教育提供了坚实的理论基础，而隐性教育的渗透性和普遍性则为显性教育提供了广阔的实践平台，两者统一能够更好地实现教育目标，培养学生的综合素质。然而，当前隐性教育的作用发挥还有强化空间，专业课教师在思想政治教育方面的能力和素质亟待提升，这与长期以来对思政课的认识和习惯有关，也与管理体制和机制有关。为此，须深化思政课改革，创新管理体制和机制，加强对专业课教师的培训，提高他们开展思想政治教育的意识和能力，充分发掘专业课程中蕴含的思想政治教育资源，将思想政治教育与专业教学有机结合，使专业课程成为传播社会主义核心价值观的重要途径。通过这种方式，可以让学生在掌握专业知识的同时，也能够接受思想政治教育的熏陶，实现知识传授与价值观塑造的统一。实现显性教育和隐性教育的有机统一，需要全社会的共同努力。学校要加强对思政课的重视，优化课程设置，提高教学质量；教师要不断提高自身的思想政治素质和教育教学能力；学生要积极参与，主动接受思想政治教育。通过深化改革，创新机制，加强培训，开发资源，全员全程全方位育人，实现显性教育和隐性教育的有机统一，推动我国社会主义教育事业不断向前发展，并以此检验思政课改革工作。

这八个方面的统一，前四个是思政课自身的内在要求，后四个是教育教学的需要，是教育教学规律的体现，是讲好学好思政课的基本要求和遵循。“以上这些，说的是只有打好组合拳，才能讲好思政课，但无论组合拳怎么打，最终要落到把思政课讲得更有亲和力和感染力、更有针对性和实效性上来，实现知、情、意、行的统一，叫人口服心服。”推进思政课改革，要全面体现这些要求，并从落实这些要求的状况来检验和评判改革的成效。

第二节 破解“七大难题”

近年来，通过教育部和学校在抓方向重落实、抓教材拓资源、抓队伍强骨干、抓教法推经验、抓学科筑基础、抓标准建马院方面的持续发力，思政课建设取得了显著成效，但仍然存在着不容忽视的“七大难题”。“思政课建设中的一些问题亟待解决。有的地方和学校对思政课重要性认识还不够到位；课堂教学效果还需要提升，教学研究力度需要加大、思路需要拓展；教材内容还不够鲜活，针对性、可读性、实效性有待增强；教师选配和培养工作还存在短板，队伍结构还要优化，整体素质还要提升；体制机制还有待完善，评价和支持体系有待健全，大中小学思政课一体化建设需要深化；民办学校、中外合作办学思政课建设还相对薄弱；各类课程同思政课建设的协同效应还有待增强，教师的教书育人意识和能力还有待提高，学校、家庭、社会协同推动思政课建设的合力没有完全形成，全党全社会关心支持思政课建设的氛围不够浓厚。”这从思想认识、教学教研思路、教材、教师、体制机制、民办和合作办学思政课、协同效应七个方面指出了思政课建设需要解决的难题，为精准发力、深化思政课改革明确了着力点。

“七大难题”是当前思政课教学中普遍存在的问题，这些问题在不同地区、高校以及教师的教学中呈现出不同的特点和难点，解决这些问题，需要坚持问题导向，深入分析问题的具体表现和成因，制定切实可行的解决方案。2019 年，中共中央办公厅、国务院办公厅出台的《关于深化新时代学校思想政治理论课改革创新的若干意见》，为解决这些问题，推进新时代思政课改革提供了有力的指导和支持。要认真贯彻落实这个意见，坚持党对思政课建设的全面领导，确保思政课建设与党的创新理论武装同步推进。在解决“七大难题”的过程中，要守正创新，既要继承和发扬思政课建设的优良传统，又要不断推进改革创新，使思政课更好地适应新时代的要求；要发挥思政课在课程体系中的政治引领和价值引领作用，引导学生树立正确的世界观、人生观和价值观；要培养高素质专业化的思政课教师队伍，提高教师的教学能力和水平，使他们成为学生思想成长的引路人；要推动思政课建设内涵式发展，注重提升思政课的教学质量和效果，全面提升学生的思想政治理论素养。

一、破解思想认识难题

认识问题在思政课教学中是一个复杂而深刻的议题，历史经验表明，对思政课的重视程度往往随着时代变迁和环境变化而波动，这种波动反映出思政课在教育体系中的重要地位及其面临的挑战，要破解这一难题，需要提高政治站位，深刻理解思政课在坚持中国共产党领导、维护国家政治安全和培养社会主义建设者与接班人中的核心作用，这不仅是一个教育问题，更是一个关乎国家未来和民族命运的重大政治问题。思政课是落实立德树人根本任务的关键课程，它在培养学生的理想信念、价值观念和道德情操方面发挥着不可替代的作用，须从解决教育的根本问题——培养什么人、怎样培养人、为谁培养人的高度来认识和加强思政课建设。同时，思政课的重要性也要放在世界百年未有之大变局、国家事业发展全局的背景下来认识，在全球化和信息化时代，思政课更应成为引导学生正确认识世界、积极参与国家发展、贡献于民族复兴的重要平台。此外，思政课的效益并非短期可见，它具有潜移默化、长远影响的特点，因此，不能简单地用经济指标来衡量思政课的价值，而应从国家长远发展和人才培养的战略高度来审视、推进思政课的改革与发展。

二、破解教学教研思路难题

教学、研究和思路构成了思政课的三大支柱，它们相互支撑、相互促进，共同确保思政课的质量和效果。提升思政课的教学效果，不仅需要教师在教学实践中不断探索和创新，更需要在教学研究上下功夫，拓展教学思路，形成系统的教学方法和策略。首先，加大教学研究是提升思政课教学效果的基础，教师应深入研究马克思主义理论，关注时代发展中的新情况、新问题，不断更新教学内容，使之与时俱进，还应加强对教学方法和手段的研究，探索适合学生认知特点和接受习惯的教学模式，提高教学的针对性和有效性。其次，拓展教学思路是提升思政课教学效果的路径，教师应打破传统思维定式，创新教学设计，采用案例教学、讨论教学、翻转课堂等多样化的教学方法，激发学生的学习兴趣和参与热情，还应注重培养学生的批判性思维和创新能力，引导学生主动探索、独立思考。再次，每一位思政课教师都应具备终身学习的理念，不断向书本学习、向同行学习、向实践学习，特别是年轻教师，更应虚心向经验丰富的老教师请教，学习他们的教学经验和教学智慧。在学习中不断提升自己的专业素养和教学能力。然后，教师应具备“板凳要坐十年冷、文章不写一句空”的精神，对待教学和研究工作要严谨认真，注重深度和质量，针对教学中的热点难点问题，进行深入研究，形成自己的见解和观点，并通过学术交流，不断丰富和完善自己的教学思想。最后，教师应解放思想，积极运用现代科技手段，如多媒体教学、网络教学等，创新教学方式，提高教学的互动性和趣味性，还要总结经验，不断探索适合自己的教学风格和特点，形成独特的教学魅力，吸引学生，感染学生，引导学生。

三、破解教材难题

教材作为思政课教学的重要基础，其质量和内容直接影响到教学效果和学生的学习体验，长期以来，思政课教材在统编与自编之间反复，导致教材质量参差不齐，内容不够鲜活，针对性、可读性、实效性不强，这些都是长期以来存在的难题。破解这一难题的关键在于改革和完善思政课程教材体系，要从整体上规划思政课的课程目标，确保教材内容与学生的认知发展和思想成长相匹配，通过循序渐进、螺旋上升的方式，引导学生逐步树立正确的世界观、人生观和价值观，坚定他们的理想信念和价值追求。在教材内容的设置上，要有针对性和实效性，使内容更贴近学生的生活实际和思想实际，通过生动的案例、丰富的历史故事和深刻的理论分析，增强教材的可读性和吸引力，激发学生的学习兴趣和思考热情。特别是在大学阶段，思政课教材应更加突出使命担当的主题，引导学生深刻理解社会主义建设的历史使命和时代责任，通过深入学习思想理论，增强学生的历史责任感和使命感，努力成为社会主义的合格建设者和可靠接班人。

（一）要调整创新思政课程体系

在新时代背景下，为了应对不断变化的教育需求和提升思政课程的教学成效，对思政课程体系进行根本性的调整和创新变得尤为关键，这一课程体系改革的重中之重是将习近平新时代中国特色社会主义思想全面融入教学，使学生掌握其理论框架，深入理解其意义。在保持思政课程基本结构的同时，各教育阶段需依据学生的认知发展阶段和学习需求，打造结合必修和选修课程的综合课程体系。全国重点马克思主义学院应率先开设习近平新时代中国特色社会主义思想的概论课程。博士阶段课程深入分析中国马克思主义与当前社会的实际联系；硕士阶段课程主要探究中国特色社会主义理论与实践的紧密结合；本科阶段课程深入学习马克思主义基础理论、毛泽东思想与中国特色社会主义理论体系、中国近现代史纲要、思想道德修养与法律基础、形势与政策等核心课程；专科阶段专注于毛泽东思想与中国特色社会主义理论体系、基础思想道德与法律知识、形势与政策等入门课程。各高校应以习近平新时代中国特色社会主义思想为核心，围绕党史、新中国史、改革开放史、社会主义发展史，以及宪法法律和中华优秀传统文化，开发多样化的课程模块，并推出一系列选修课程。

（二）要统筹推进思政课程内容建设

统筹推进思政课程内容建设是一项系统工程，需要紧密结合新时代的要求和学生的成长特点，坚持用习近平新时代中国特色社会主义思想铸魂育人，是思政课的核心任务，这一过程要围绕政治认同、道德修养、文化素养等重点领域，贯穿爱国、爱社会主义、爱人民、爱集体的主线，培养学生的爱国情怀与责任感。在课程内容设计上，要遵循学生的认知发展规律，根据不同学段学生的特点，合理安排教学内容和方法。研究生阶段，注重探究性学习，鼓励学生对马克思主义理论进行深入研究和独立思考；本专科阶段，侧重理论性学习，系统掌握中国特色社会主义理论体系；高中阶段，加强常识性学习，使学生了解基本的思想政治知识；初中阶段，通过体验式学习，让学生亲身感受社会主义核心价值观；小学阶段，则通过启蒙式学习，培养学生的基本道德观念和行为习惯。

（三）要统筹大中小学思政课程建设

统筹大中小学思政课教材建设是确保教育内容连贯性、系统性和时代性的重要举措，通过完善教材编审制度和科学制定教材建设规划，可以确保教材内容的权威性和科学性，使其更好地服务于学生的思想政治教育。国家统一编制的大中小学思政课程教材，由国家教材委员会负责组织、审核和实施，这有效确保了教材内容的统一性和规范性。通过将马克思主义中国化的最新理论成果、坚持和发展中国特色社会主义的经验，以及马克思主义理论学科的最新研究进展融入教材，学生能够更深入地理解和掌握马克思主义的基本原理及其在中国的最新发展。对于地方或学校开设的思政选修课程教材，各地负责审定，这种灵活性有助于突出地方特色和学校特点，满足不同学生的多样化需求。同时，研究和编制习近平新时代中国特色社会主义思想的课程教材指导纲要，以及中华优秀传统文化、革命文化、社会主义先进文化、科技创新文化和总体国家安全观等内容的教材指南，为教材编写提供了明确的方向和参考。此外，编制关于中华民族古代历史和革命建设改革时期的英雄人物、先进模范的课程教材图谱，有助于培养学生的历史责任感和使命感。在教师方面，高校可以分课程编写专题教学指南，组织专家撰写深入解读教材体系的示范教案，并实施思政课程优秀讲义的出版工程，为其提供丰富的教学资源和参考材料。在学生方面，可以为其列出马克思主义经典著作、当代中国马克思主义理论著作和中华优秀传统文化典籍的书单，建设思政课程的网络教学资源库，提供丰富、便捷的学习资源，促进他们的自主学习和深入研究。

四、破解教师难题

教师是思政课的关键，是实现立德树人根本任务的重要力量，建立一支高素质的思政课教师队伍，对于提升思政课的教学质量和效果至关重要，总的来说，要培养一支政治强、情怀深、思维新、视野广、自律严、人格正的思政课教师队伍。一方面，要解决好这支队伍的数量问题，根据《新时代高等学校思想政治理论课教师队伍建设规定》，要严格按照师生比不低于 1∶350 的比例核定配齐专职思政课教师，对于存在的思政课教师缺口问题，可通过转岗党政管理干部、动员相关学科专家等途径充实教师队伍。另一方面，要持续提高这支队伍的综合素质，可以通过举办专题研修班、实施在职攻读马克思主义理论博士学位计划、建立研学基地、组织考察调研等方式，完善国家、省、校三级培训体系，持续提高思政课教师的专业水平和教学能力。

五、破解体制机制难题

（一）要改革完善思政课教师评价机制

改革和完善思政课教师评价机制是提升思政课教师队伍素质的关键措施，评价体系应以培养人才为核心，以立德树人为基础，确保评价标准与思政课教师的教学和科研特点相适应。在此基础上，应增加教学和教学研究在评价中的比重，以激励教师提高教学质量和深化教学研究。职称评审机制需对马克思主义理论专业给予特别重视，确保评审委员会中有固定比例的该领域专家，以保障评审的权威性和公平性。同时，应根据教师总体人数合理规划思政课教师职称岗位的比例，并且保证高级职称岗位的比例至少与学校整体水平持平，这些岗位应专门预留给思政课教师。此外，还要将思政课教师在权威媒体上发表的理论文章正式纳入学术成果的评估范畴，以此认可他们在理论传播和普及方面的努力，鼓励教师更广泛地参与社会实践和理论创新，加强思政课程与时代发展的同步，提升思政课教师的职业发展机会，增强思政课教师队伍的活力与创新能力。

（二）要改革完善思政课教师退出机制

为了确保思政课教师队伍的质量，须改革和完善思政课教师的退出机制，这包括严格考核教师的政治立场、师德表现和业务水平，确保他们符合教育的根本要求。考核体系应科学合理，注重师德师风，同时兼顾教学的即时效果与长远影响。对于考核不合格的教师，应及时进行调整或退出，以维护教育质量和教师队伍质量。

（三）要改革完善思政课教师激励机制

彻底改革思政课教师的激励机制，首要任务是将思政课教师和辅导员中的优秀人才纳入国家层面的高端人才计划，为他们提供更广阔的发展空间和资源保障，以此激发他们的积极性和创新精神。其次，根据地区经济发展水平，为思政课教师和辅导员设立专项岗位津贴，并将其纳入学校绩效工资管理体系，通过增加学校的绩效工资总额，确保他们的辛勤工作得到合理的物质回报，从而提高他们的工作热情。再次，将思政课教师作为学校管理干部选拔的重要来源，要求学校党政管理干部具备思政课教师、辅导员或班主任的工作经历，以此提升管理队伍的整体素质，拓宽思政课教师的职业晋升渠道。最后，加大对优秀思政课教师的表彰和宣传力度。

通过举办年度影响力人物评选等活动，大力推广先进典型，提升他们的社会影响力和职业荣誉感。对于立场坚定、学术造诣深厚、紧密联系实际、成果显著的思政课教师，应加大宣传力度，树立行业标杆，增强他们的职业认同感、荣誉感和责任感。

（四）要改革完善思政课教师队伍后备人才培养机制

为全面改革和完善思政课教师队伍的后备人才培养机制，须重点关注高素质人才的选拔与培养，致力于马克思主义理论的深入学习、研究和教育工作。为此，需进行系统规划，推动马克思主义理论学科的本硕博一体化人才培养计划，构建从本科到博士的完整学科体系和课程体系，形成一条清晰且连贯的学术培养路径。全国重点马克思主义学院应采取多样化的招生方式，如提前批次录取或综合考核，积极招收对马克思主义理论充满热情和潜力的本科生。同时，通过推荐免试政策，鼓励优秀的相关专业本科生继续攻读硕士和博士学位，采用硕博连读或直接攻读博士学位的方式，强化对这些学生的系统培养。此外，可以通过实施“高校思想政治理论课教师队伍后备人才培养专项支持计划”，专门招收马克思主义理论学科的研究生，为学生提供深造的机会，也为他们未来从事思政教育奠定坚实基础。随着对思政课教师的需求不断增加，须逐步扩大这一专项支持计划的招生和培养指标，切实满足思政课教师队伍建设的迫切需求。

（五）要改革完善思政课一体化建设工作机制

改革和完善思政课一体化建设工作机制，需充分发挥一体化建设指导委员会的多方面作用，总结和推广成功的教育经验，审议并研究部署涉及大中小学思政课的重大事项，如教材建设、师资队伍建设等。同时，组织专家指导组深入进行前瞻性研究、工作研讨、问题研判等理论与实践工作，促进大中小学思政课的一体化建设，确保教育内容的连贯性和系统性，推动学校思政课在新阶段实现更高质量的发展，确保思政课教育与时俱进，更好地服务于国家的教育目标和社会发展需求。

六、破解民办和合作办学思政课教学难题

自改革开放以来，我国民办学校和中外合作办学院校的快速发展，促进了教育体系的多元化和国际化发展，这些学校涵盖层次和类型多样，成为我国教育事业中不可或缺的一部分。但其在发展过程中也存在一系列问题，尤其是在思政课建设方面，师资队伍的建设需要进一步加强，教学方法和内容也有待进一步优化，为此，要认真贯彻落实《中华人民共和国民办教育促进法》《中华人民共和国中外合作办学条例》，确保民办学校和中外合作办学机构在坚持中国共产党的领导、社会主义办学方向以及教育公益性原则的基础上，对受教育者加强社会主义核心价值观教育，落实立德树人的根本任务。此外，需要将这些教育机构纳入思政课建设的整体规划中，通过完善体制机制，统筹规划其思政课教学工作。同时，要定期对这些学校的思政课教学工作进行监督检查，确保教学质量，及时纠正存在的问题。

七、破解协同效应的难题

协同合作是实现思政课高质量教育的关键因素，虽然近年来在思政教育的协同方面取得了一些进展，但仍存在诸多挑战，为此，须加强组织领导，统筹整合学校、家庭、社会各方面的思想政治教育资源和力量。通过制定全面的思政课建设规划，明确各方的责任和任务，有效化解存在的矛盾和问题，共同推动立德树人这一根本任务的实现。同时，要充分发挥马克思主义学院（系）的作用，统筹安排各门思政课的教学工作，确保各课程之间在教学目的、任务以及对同一问题的不同讲解角度、重点和程度上能够相互衔接，避免内容重复或观点矛盾，实现课程内部的协同。此外，要加强课程思政的实践，深入挖掘和利用专业课程中的思政元素，将思想政治教育融入专业教学之中，形成思政课程与课程思政的有机结合、教学合力。在意识形态工作上，要不断强化马克思主义的指导地位，积极弘扬

社会主义核心价值观，引导社会舆论，营造积极向上的社会氛围，为思政课建设提供良好的社会环境。

第三节 讲好课程思政

课程思政旨在通过将价值教育融入所有学科的教学中，以此提升教育水平并实现全面的育人目标，增强教师在课程思政方面的教学意识和能力，并建立综合的协作体系，进而强化大学在培育德智体美劳全面发展人才方面的作用。课程思政专注于建立培养的价值观和信念，以爱国主义情感为基石，重点培养学生的政治共识、文化素养和道德品质。通过结合社会主义价值理念、劳动教育和中华传统文化教育，课程思政确保了习近平新时代中国特色社会主义思想能够深入学生的内心世界。课程思政还促进了社会主义价值体系的内化，弘扬了中华优秀传统文化，提升了人们的法治意识，并强化了职业理想和职业道德教育。

推进课程思政是高等教育深化思想政治教育、培养全面发展人才的重要途径,《高等学校课程思政建设指导纲要》为实现这一目标提供了战略规划和行动指南。在这一框架下，众多教育工作者积极参与探讨，探索创新教学方法，确立了示范课程，组建了专业教学团队，并建立了研究中心，以促进课程思政的深入实施。以上海交通大学为例，该校将思想政治理论课作为核心，围绕专业教育课程，辅以通识核心课程，并通过第二课堂活动进行拓展，形成了全覆盖、多层次、互相促进的课程思政体系。

总体而言，推进课程思政需要各高校根据自身特点，深入理解和贯彻执行纲要的精神，提供必要的支持和保障，要特别重视教师队伍的建设、课程建设，并优化课堂教学。通过这些措施，更好地承担起育人责任，相互学习借鉴，实现各类课程与思政课程的有机融合，共同回答培养什么人、怎样培养人、为谁培养人这一教育的根本问题。

一、要提升课程思政认识

认识是行动的先导，这在课程思政的实践中尤为重要，只有当教育工作者对课程思政的内涵、目标、方法有了深刻的理解和清晰的认识，才能有效地将其融到教学过程中，从而实现立德树人的根本任务。课程思政不仅仅是一门课程或者一个教学环节，而是一个全方位的育人体系，它要求教育工作者在教学的每一个环节中都注重对学生的思想政治教育，使思政教育与专业学习相辅相成，形成全员参与、全过程覆盖、全方位育人的大格局。在这一过程中，每门课程都承担着育人的使命，无论是自然学科、社会学科还是人文学科，都应该挖掘其内在的思想政治教育资源，将思政教育有机地融到专业教学之中，这不仅有利于学生形成正确的世界观、人生观和价值观，也有助于提高高校人才培养的质量，为国家培养出更多德才兼备的接班人。为此，教育工作者需要自觉加强顶层设计，全面规划课程思政的实施路径，这包括制定清晰的路线图，确定任务书，列出时间表，确保课程思政的实施有序、高效。

二、要紧密结合专业特点

在推进课程思政的过程中，课程内容与思政教育的简单生硬结合，不仅会影响教育效果，也会削弱学生的接受度和参与感。因此，教育工作者需要深入梳理和分析专业课教学内容，充分考虑不同课程的特点、思维方法和价值理念，从而深入挖掘和整合课程中的思政元素。具体来说，教育工作者应在课程目标设计、教学大纲修订、教材编审选用、教案课件编写等方面，全面融入思政教育的理念和内容，这不仅涉及理论知识的传授，更包括对学生思想道德、价值观念的引导和塑造。通过精心设计教学内容和方法，使思政教育与专业教学有机融合，形成一种自然、和谐、富有感染力的教育氛围。同时，教育工作者还应创新课堂教学模式，综合运用第一课堂和第二课堂，通过课堂授课、教学研讨、实验实训、作业论文等多种教学形式，将思政教育贯穿于教学的各个环节，激发学生的学习兴趣，增强他们的参与感和体验感，从而达到润物无声的育人效果。

具体而言，人文学科的课程应深化学生对马克思主义和习近平新时代中国特色社会主义思想的理解，并积极推广中华优秀传统文化。社会科学领域的课程应致力于构建具有中国特色的学科体系、学术体系和话语体系，加强学生对国家战略、法律法规和政策的理解，培育具有社会责任感和专业道德的人才。教育学专业课程应以强化师德教育为核心，培养具有坚定理想信念、高尚道德情操、扎实学识和仁爱之心的教师。体育课程应以健康教育为基础，融合爱国主义和传统文化教育，培养学生的竞技精神和团队协作能力。理工科课程的设计应结合科学精神与马克思主义教育，提升学生分析和解决问题的能力，激发学生的探索精神和工匠精神。农学课程应加强生态文明教育，培育学生服务农业农村现代化和乡村振兴的责任感。医学课程应注重医德教育，培养学生尊重生命、救死扶伤、乐于奉献的医者精神。艺术学课程应引导学生树立正确的艺术观，传承和发扬中华优秀传统文化，提升学生的审美能力和人文修养。

三、要提高课程思政本领

提高课程思政本领要强化教师课程思政能力建设，这就要提高教师的专业知识水平，加强其思想政治教育的能力和素养，为此，需要建立健全优质资源共享机制，搭建课程思政建设交流平台，通过分区域、分学科专业领域的交流、观摩和培训等活动，促进教师之间的相互学习和经验分享，利用现代信息技术手段，实现优质教育资源的广泛共享。高校教师网络培训中心、教师教学发展中心等应发挥其作用，深入开展相关专题培训，这些培训不仅应纳入教师的岗前培训和在岗培训中，还应作为师德师风、教学能力提升的重要内容。要充分发挥教研室、教学团队、课程组等基层教学组织的作用，建立课程思政集体教研制度，鼓励教师之间的合作与交流，通过集体教研，教师可以共同探讨课程思政的实施策略，分享教学心得，提高教学效果，也能提高教师自身的沟通、交流能力，更能增强教师的说服教育和情感陶冶能力。

第四节　创新方式方法

一、创新备课方式方法

备课是教师教学工作的重要环节，是确保课堂教学质量的前提，传统的个人备课方式虽能体现教师的个人特色和理解，但往往教学效果参差不齐，集体备课作为一种新兴的备课方式，通过团队合作，集中智慧，实现了教案、教学内容、方法等的标准化，显著提升了教学效果。为了更好地实施集体备课，需要围绕相关主题，邀请专家学者进行辅导，分工合作，充分准备，在这个过程中，应该发扬民主，积极发言，充分讨论，不拘泥于个人意见，不进行无谓的指责和批评，通过反复研讨，最终形成一份高质量的教案。此外，应鼓励教师积极参与外出学习、考察和交流，参加各类专题培训，不断汲取新知识，提高自身的专业素养和教学能力。应利用好网络平台，进行学习，收集资料，丰富集体备课内容。

二、创新教学方式方法

教学作为思政课的关键，不仅需要坚持传统的课堂教学，更要不断探索和创新教学方式方法，以适应不断变化的教学内容、环境和学生需求。课堂教学要深入讲解基本原理，清晰阐释重点难点，确保学生能够深刻理解并掌握核心知识点。在教学方法上，可以通过课堂讨论、经验交流和成果交流等形式，激发学生的思考和兴趣，促进学生在研讨和争论中深入理解、掌握理论知识。案例教学能够通过具体案例的分析，让学生更直观地感受理论与实践的结合，提高教学的生动性和实效性，邀请案例主人公走进教室，分享他们的亲身经历和体会，不仅能够活跃课堂气氛，还能够有效提升教学成效。现场教学是另一种有效的教学方式，特别是在具有重要历史意义的地点进行教学，能够让学生身临其境地感受历史，增强教学的感染力和说服力。打造示范课是提高教学质量的重要途径，通过“名师示范课堂”“权威示范课堂”“特色示范课堂”等形式，发挥教学名师的示范和引领作用，带动更多教师提高教学水平，实现教学效果的优化。同上一堂课是一种创新的教学形式，如2020年《开学第一课》通过网络平台实现大规模的同步教学，让更多学生共享优质教学资源，增强教学的覆盖面和影响力。慕课群的建设也是教学创新的重要方向，如，清华大学推出的《党在清华园》微纪录片和微慕课，通过集中宣传榜样典型，引发师生的共鸣，提高了教学的吸引力和感染力。总之，教学方法的探索永无止境，教师要根据教学需要，遵循教学规律，不断尝试和创新教学方式方法，找到最适合的教学模式，实现教学效果的最优化。

三、推进思政教育现代化

推进思政教育现代化是适应时代发展、满足教育需求的重要举措，通过充分利用网络、视频、微信公众平台等多种媒介，可以为学生提供更加丰富、多元的学习体验。在教学实践中，应采取理论与实践相结合、线上与线下相结合的方式，鼓励学生通过读原著、学原文、悟原理，深入理解思政课的核心要义。同时，以《关于大力加强中小学线上教育教学资源建设与应用的意见》为契机，坚持育人为本，统筹规划，集成创新，应用导向，不断完善各级教育平台，健全资源体系，严格质量标准。精选教师团队，优化资源管理，充分发挥平台资源的作用，服务教师课堂教学，服务学生自主学习，服务农村教育质量提升，增强师生互动交流，通过提高师生应用能力，完善政策保障体系，“互联网＋思政课”“电视＋思政课”双平台的思政课教育格局，开启划时代的思政课教育革命，实现思政课教育教学现代化。

四、开展丰富多彩的教学活动

开展丰富多彩的教学活动是深化学生对理论知识的理解和应用、提高教学效果的重要手段，这些活动不仅要围绕教学目的和内容，更要紧密结合学生的实际需求和兴趣点，确保活动的有效性和针对性。例如，中国农业大学通过围绕“脱贫攻坚、强农兴农”这一主题，开展了一系列脱贫攻坚精神、成就展览等活动，通过讲述教师在各地扶贫的生动故事，将抽象的思政教育具体化、生动化，增强了课程的吸引力和感染力。各地各校应立足自身实际，发掘本地本校的教育资源优势，组织开展适合学生特点的教学活动，如赣南师范大学弘扬苏区精神，嘉兴学院弘扬红船精神，辽宁开展红色校史故事融媒体展示活动等，都是将本地的红色资源转化为育人资源，让学生从校史中学习党史，增强育人成效。同时，要结合国家的重大决策部署，如开展“四史”教育宣传等，积极参与并充分运用其资源开展教学活动，让学生在参与中学习，在实践中提高。此外，要充分利用网络资源，组织开展“网上重走长征路”等活动，让学生身临其境地感受历史，提高教学成效。

第五节 增强思想性、理论性、亲和力和针对性

增强思政课的思想性、理论性、亲和力、针对性，是提升思政课教学质量和效果的关键，这需要通过深化改革，创新教学方法，丰富教学内容，满足学生的需求，加大思想性、理论性资源的供给，为学生提供更深入、更全面的知识体系。同时，要加强思政课的教研工作，促进课题研究和成果交流，提升教师的专业素养和教学能力。更要全面提升高校马克思主义学院的建设水平，保障思政课教学质量。整体推进高校课程思政和中

小学学科德育，形成全学段、全过程的育人体系，更好地实现立德树人根本任务。

（一）增强思政课的思想性

思政课的核心在于塑造和引导学生的思想，解决思想问题，其思想性是课程的灵魂，要深化思政课的思想性，需深入探讨和阐释思想的内涵，包括党的指导思想的立场观点方法、精髓精神、情怀境界、形成过程、意识形态和动向。在立场观点方法上，教师要清晰地传达出党的指导思想是如何立足于人民立场的，运用辩证唯物主义和历史唯物主义等方法，形成了什么样的观点和结论，例如，在讨论全面从严治党或社会主义现代化建设时，要明确其背后的思想基础和目标导向。在精髓精神方面，教师要深入讲解党的思想精髓，如实事求是、与时俱进、勇于斗争等，以及中国共产党人的伟大建党精神和一系列革命精神，让学生深刻理解这些精神的内涵和时代价值。在情怀境界方面，要强调思想的人民性、理想性，阐释共产党人的理想信念、初心使命和为人民服务的宗旨，让学生认识到党始终代表最广大人民群众的根本利益。在形成过程方面，教师要讲述思想的提出背景、发展脉络以及与前人思想的继承和发展关系，让学生了解思想是如何在实践中不断丰富和发展的。在意识形态和动向方面，要引导学生认识到当前意识形态领域的复杂形势，分析存在的问题和挑战，教育学生坚定政治立场，巩固马克思主义在意识形态领域的指导地位。

（二）增强思政课的理论性

思政课的精髓在于理论的传授与分析，理论性是其不可或缺的根本属性，理论不仅是抽象的概念，更是对现实世界的深刻洞察和科学总结，增强思政课的理论性，意味着要深入挖掘和阐释党的理论中的“理”与“论”，即理论的基本原理及其逻辑论证。在教学过程中，教师需清晰地阐述党的理论所揭示的规律，包括一般规律、特殊规律和具体规律，还要讲清楚遵循这些规律的内涵、要求和趋势，以及其发挥作用的条件和特点。通过深入分析和系统逻辑的检验，结合实事求是的实践分析、历史检验，帮助学生深刻理解党的理论的科学性和真理性。

（三）增强思政课的亲和力

增强思政课的亲和力，是提升其教学效果和影响力的关键，亲和力不仅体现在教师与学生之间的亲近感，更体现在教学内容与学生实际需求的契合度，以及教学方式与学生接受习惯的匹配度。

首先，亲和力的基础在于“亲”。教师要亲近学生，理解他们的思想动态和实际需求，从而更好地引导他们，还应以平等、尊重的态度对待每一位学生，建立起信任和尊重的师生关系；学生要亲近教师，认识到教师不仅是知识的传授者，更是他们成长道路上的引路人；要亲思想理论，即深入理解其内涵和价值，认识到这些理论对于个人成长和社会进步的重要意义；亲思想理论的创造者，即中国共产党人，理解他们为理论发展所付出的努力和牺牲；亲近人民群众，认识到理论来源于人民、服务于人民，从而增强对理论的认同感和归属感。

其次，亲和力的关键在于“和”。思政课是教师、思政课、学生三者之间对立统一的过程和结果。教师与思想理论的和，要求教师不仅要掌握理论，更要内化于心，使之成为自己思考和行动的指导，再用符合教学规律的方式讲授出来；教师与学生的和，需要教师深入了解学生，尊重他们的个性和差异，采用合适的教学方法，学生要尊敬老师，认真学习，不懂就问；学生与思政课的和，要求学生积极参与课程学习，主动思考和实践，将理论知识转化为解决实际问题的能力。

最后，亲和力的落脚点在于“力”。这种力量来自亲、和的力量，这二者的力量大小与亲和力大小成正比。增强这种力度需要思想政治教育工作者具备思想家的深度，能够深入分析和阐释理论；具备政治家的高度，能够将理论与国家和社会的发展紧密结合；具备教育家的温度，能够以贴近学生生活的方式讲授理论。教师应通过生动的案例、互动的教学方式，激发学生的学习兴趣和参与热情，使他们真正感受到理论的力量和魅力。

（四）增强思政课的针对性

针对性是思政课教学中不可或缺的属性，它确保教学内容与学生的实际需求和发展阶段相匹配，强化思政课的针对性，要明确课程的阶级属性，深入讲解党的理论是如何站在人民立场上、代表人民利益、解决实际问题的，这种讲解应当具体、生动，能够让学生感受到理论的现实意义和实践价值。坚持问题导向是增强针对性的关键，思政课不仅要传授理论，更要教会学生运用理论分析和解决问题。这包括讲清楚当今世界的重大问题，解答我国发展过程中的重大问题，如历史上马克思主义对人类社会向何处去、资本主义向何处去、无产阶级向何处去时代课题的解答；习近平新时代中国特色社会主义思想怎样科学回答了坚持和发展什么样的中国特色社会主义、怎样坚持和发展中国特色社会主义的问题。同时，需解答学生关心的热点难点问题，通过教学帮助学生理解这些问题的本质，提供解决问题的思路和方法，为其解惑。还要讲清楚适用范围，明确思想观点提出的历史背景、地点和适用条件，以及社会规律发生作用的条件，帮助学生准确把握和运用党的思想理论。

第四章 “大思政课”与“三全育人”新格局建设

第一节 “大思政课”与“三全育人”新格局建设的理论支撑

在学术研究中，确立研究范畴是确保研究精准性和深度的关键步骤。“大思政课”在教育体系中的重要性日益凸显，特别是在实现立德树人这一根本任务上发挥着不可替代的作用，在新时代背景下，将多元因素融入思政教育，不仅能够促进育人目标的协同发展，还能构建起全员参与、全程覆盖、全方位育人的新格局。本章的研究旨在深入探讨“三全育人”与“大思政课”的内在联系，明确它们在现代教育体系中的地位和作用，通过对“三全育人”视域下高校“大思政课”新格局建设的内在逻辑进行分析，可以更清晰地理解这一教育模式的理论支撑和实践价值。

一、“三全育人”与“大思政课”新格局的概念阐释

（一）“三全育人”的基本内涵与特征

新时代加强和改进高校思想政治工作应将立德树人作为核心，并将思政教育渗透到教学的每个环节，实现全程育人、全方位育人。“三全育人”要求所有教育工作者全身心投入育人工作，具备较强的育人意识和责任感，将人本教育理念与育人实践紧密结合，确保这一理念贯穿学生发展的全过程和各个学习阶段。在此过程中，须协调、整合各种人员和时空资源，保

证育人工作的连续性和系统性，更有效地实现育人目标。

1.“三全育人”的基本内涵

（1）全员育人的内涵。“全员”涵盖了校内的所有教职工，如，教师、行政人员、后勤人员等，还包括校外的家庭、社会人士形成的家校社企联动育人共同体。“育人”一词在现代汉语词典中的解释是：育即教育、培养，对受教育者进行德育、智育、体育、美育等多方面的教育、培养，即为育人。“全员育人”要求高校工作者积极参与到育人工作当中，既要在自己的专业领域内传授知识，更要在日常教学和生活中，通过言传身教，对学生进行德育、智育、体育和美育等多方面的培养，提高学生的综合素质，帮助他们形成正确的世界观、人生观和价值观，实现“育人无处不在、育人无时不在、育人无人不能”。

（2）全过程育人的内涵。全过程育人强调了教育的持续性和连贯性，它要求对大学生的教育不仅仅局限于课堂和学期，而是要覆盖其从入学到毕业甚至更长远的职业生涯中，这需要整合学校、家庭、社会等多方面的教育资源，对学生进行全面而深入的思想政治教育，通过有序地融合学习、实践和生活体验，并在这一过程中融入思想政治教育，可以创建一个系统性的思想政治教育体系，确保教育资源在有组织的教育体系中得到高效利用，以实现育人目标。

（3）全方位育人的内涵。现如今，大学生的思想认知和价值观念的形成不仅受到校园内部因素的影响，也受到外部环境，尤其是网络空间的深刻影响。在信息爆炸的时代，大学生接触到的信息量巨大，来源多样，这既为他们提供了丰富的知识资源，也带来了诸多挑战。高校在实施全方位育人的过程中，需要积极应对这些挑战，通过创新教育方式和手段，加强网络素养教育，引导学生正确筛选和判断信息，避免受到不良信息的负面影响。同时，高校应充分利用网络空间的优势，拓展教育渠道，如，通过社交媒体、在线课程等方式，将思想政治教育内容以更加生动、互动的形式呈现给学生，提高教育的吸引力和有效性。此外，全方位育人还要求高校加强与家庭、社会的联系，形成育人合力，家庭是学生价值观形成的重要场所，社会则是学生实践和体验的重要舞台。高校应与家庭、社会建立良好的沟通机制，共同为学生营造一个健康、积极的成长环境，帮助他们在多元文化和价值观的碰撞中，形成独立思考和判断的能力，培养坚定的理想信念和社会责任感。

全员育人、全过程育人和全方位育人三者构成了一个相互支撑、相互促进的有机整体。全员育人作为基础，强调的是所有教育参与者的主动性和积极性，它要求每一位教育工作者都要有高度的责任感和使命感，将立德树人的教育理念内化于心、外化于行，这种全员参与的态势为全过程和全方位育人提供了坚实的人力资源保障。全过程育人则作为载体，将全员育人的理念贯穿于学生从入学到毕业的整个教育过程，确保教育的连续性和系统性，它要求高校在课程设置、教学方法、评价体系等方面进行创新，以适应学生成长发展的需要，同时充分利用校内外资源，为学生提供丰富的学习和发展平台。全方位育人则是对全员育人和全过程育人的深化、拓展，它关注学生的知识学习，也关注学生的思想道德、文化素养、实践能力等综合素质的培养，全方位育人要求高校在空间上打破校园的界限，将教育延伸到家庭、社会乃至网络空间，形成全社会共同参与的育人大环境。

“三全育人”体系，即全员、全过程、全方位育人，是高等教育质量提升和内涵发展的关键，这一体系要求高等教育摒弃过时的教育理念，着力提升教育水平，并且加强思想教育的渗透力和影响力吉洪认为，“我国高等教育质量在宏观上的最高体现的是能够满足国家建设和社会经济发展的客观需求，即高等教育服务于社会的满意度与匹配度；在微观上的最高体现的是能够满足学生个人全面自由发展的实际需求”。这要求思想政治教育在提升教育质量的同时，促进学生精神领域的进步，实现全面自由发展。创建一流大学不仅要在学科建设和科技创新上取得突破，还须在育人实践上树立新标杆，满足社会进步和学生个人成长的双重需求。内涵式发展的核心在于以人为中心的发展思想，将思想塑造和素质提升紧密结合，高校的思想政治教育对于内涵式发展至关重要，它能够引导学生塑造正确的价值观和人生观，同时激发学生的潜力，促进其在知识掌握、能力提升和情感发展等方面的全面成长。忽略思想教育的发展将导致高等教育内涵式发展的失衡。在新时代背景下，“三全育人”理念成为高等教育内涵式发展的具体行动指南，通过这一理念的实施，高等教育机构能够搭建起支持学生全面发展的平台，协助学生各个方面实现全面发展，进而推动立德树人根本任务实现，为高等教育的内涵式发展贡献力量。

2.“三全育人”的基本特征

（1）系统性。“系统是由相互作用、相互依赖的若干要素结合而成，是具有整体性功能的有机体”。高校育人工作是一项系统化、复杂化的工程，它要求高校在育人过程中，关注教育资源的整合，还要注重育人主体之间的协调与合作。“三全育人”理念的实施，要求高校构建一个系统化的育人机制，确保各育人主体能够在统一的目标和理念指导下，形成合力，共同推进育人工作。在这个系统中，教师、学生、管理人员、后勤人员等都是育人的主体，他们之间需要相互配合，相互支持，形成一个有机的育人共同体，通过系统性的运作机制，有效调动各方的育人力量，实现教育资源的优化配置和育人要素的高效利用。同时，高校还需要运用系统性的思维，加强对“三全育人”的顶层设计和战略规划，明确育人目标，制定育人策略，构建育人标准，形成育人体系。通过要素、物质、能量和信息的有机交换，构建开放、互动、协同的育人环境，促进各方力量同向同行，共同推动立德树人根本任务的实现。

（2）全程性。大学阶段对于大学生的世界观、人生观和价值观的塑造至关重要，这一阶段的教育不仅要满足学生当前的需求，更要预见并适应他们未来的发展。“三全育人”理念的全程性特征强调教育的连续性和发展性，要求教育工作能够随着学生的成长和需求的变化而不断更新、进步。为了适应大学生的主观能动性和不断变化的需求，高校教育应当采取灵活多样的教育方式，注重个性化和差异化教学，以满足不同学生的需要。教育内容和方法应随着时代的发展而不断创新，确保教育的时效性和前瞻性。同时，高校应加强课堂教学与课后教育的衔接，实现教育的连贯性，这包括知识传授的连贯性，也包括价值观教育和思想引导的连贯性，通过课堂教学、实践活动、社团组织、志愿服务等多种途径，形成全方位、多层次的育人体系。此外，高校还需加强全体教职工的协同育人意识，打破学科和部门之间的壁垒，联通思政素质教育和人才培养的全过程，确保大学生思想信念坚定，政治意识牢固，使命担当意识强，建立可持续性的良好育人局面。

（3）全面性。“三全育人的重心在于‘全’”。一方面，是学生的全面发展，即在德、智、体、美、劳等各个方面均衡发展，以适应社会变化和时代发展带来的挑战，这要求教育不仅要传授知识，更要注重培养学生的创新思维、批判性思维和解决问题的能力，以及良好的道德品质和社会责任感。另一方面，“三全育人”倡导全员化的育人模式，这意味着育人工作不应局限于教师，而应扩展到高校内的所有成员，包括辅导员、后勤人员、行政工作者等，这种全员参与的育人机制有助于形成一个多元化、立体化的教育环境，让每个成员都能在育人过程中发挥自己的优势和作用。通过整合各方力量，可以形成一个良性的高校教育体系。

（二）“大思政课”的概念内涵与特点

“大思政课”的概念是其新格局建设的起点，它整合了“大”、“思政”和“课”三个要素，目的是适应当下的社会环境，根据学生的认知模式和接受倾向，实施立德树人的战略任务。

1.“大思政课”之“大”

“大思政课”中的“大”，代表了一种全新的教育视野和格局，它超越了传统课堂的限制，强调了思政教育在整个教育体系中的重要地位。这个“大”字不仅意味着规模的扩展，更象征着教育功能的最大化和深远影响，它体现了一种全局性的教育理念，涵盖了从宏观的社会文化背景到微观的个体成长过程。“大思政课”之“大”，在于其承载的大使命、大目标和大协同。

（1）“大思政课”之“大”表现在大使命。在全球化的浪潮和国际局势的复杂变化中，中国的高等教育特别是思政课程，正面临着前所未有的挑战和机遇。在这样的大背景下，“大思政课”的提出，是中国对于思政教育的深度思考和战略布局，它不仅仅是一门课程，而是一场教育革新，一个全面提升人才培养质量的系统工程。“大思政课”的提出，强调了教育的全局性和前瞻性，它要求将教育的视野扩展到国家发展和全球变革的大局中，这意味着，思政教育不再局限于传统的教学模式，而是要融入校园文化的每一个角落，渗透到学生的学习和生活中，形成一个全方位、多层次、宽领域的教育新格局。在这一新格局下，高等教育被赋予了新的使命，即培养全面发展的人才，这些人才要具备扎实的专业知识和技能，更要有坚定的理想信念和深厚的家国情怀，能够在全球化的背景下，为实现中华民族伟大复兴贡献力量。“大思政课”的育人目标更加明确，它旨在培养能够担当民族复兴大任的时代新人，这些新人既要有深厚的中国情怀，更要有广阔的国际视野，能够在全球化的背景下，深刻理解中国与世界的关系，积极参与全球治理，推动构建人类命运共同体。“大思政课”代表了一种全新的教育模式，它突破了传统思政课程的限制，将教育内容放置在更为宏大的历史观和世界观之中。这种课程设计着眼于培养学生的宏观视野和时代意识，鼓励学生在全球视野和中国视角的双重视角下，探索全球性议题和现实挑战，激发学生以创新思维和开放视野去认识中国与世界的关系，培育学生对本国文化的深切认同、拓展国际视野。所以，“大思政课”的使命在于对接国家战略需求，立足于更高的政治高度，结合国内国际两个大局，充分利用社会资源来扩展教学内容，发挥教育优势，加强课程建设。

（2）“大思政课”之“大”表现在大目标。中国特色社会主义进入新时代，对教育提出了更高的要求，特别是对“大思政课”的建设，它是传授知识的工具，更是塑造价值观、培养责任感和使命感的平台。在推进“大思政课”建设的过程中，须深入探讨教育的根本性问题——“培养什么人”，这个问题的答案直接决定了“大思政课”的核心价值追求和目标定位。随着时代的发展，社会对人才的需求日益增长，“大思政课”在育人目标上展现出新的教育理念。首先，“大思政课”着重强化思想政治教育的功能，将“立德树人”的理念全面融入高等教育的各个层面，培育学生的核心素养。

其次，“大思政课”强调理论与实践的结合，通过平衡知识传授与实践技能的培养，促进大学生的全面发展。最后，“大思政课”旨在培养具有统一知识目标和价值目标的人才，鼓励学生将个人发展与社会发展紧密结合，实现个人成长与社会需求的和谐统一。“大思政课”作为育人的重要平台，能够促进学生个人需求与社会需求的转化，为社会主义现代化建设培养和储备人才资源。

（3）“大思政课”之“大”表现在大协同。“大协同”是“大思政课”的核心，它强调将思政教育与社会实践紧密结合，形成一个多维度、多层次、全方位的育人体系。这种协同育人模式，能够提升思政课的实效性和吸引力，还能够激发学生的主动性和创造性，培养他们成为具有社会责任感和创新精神的新时代人才。在育人场域上，“大思政课”通过将课堂与社会相结合，将教育的触角延伸到社会生活的各个方面，让学生在实践中学习和体验，还能让他们在实践中检验和深化课堂所学，实现知行合一。在育人课程上，“大思政课”强调思政课程与专业课程的有机结合，专业课程不仅要传授专业知识，还要承担起培养学生品格和价值观的责任，这种结合有助于学生在专业学习中形成正确的世界观、人生观和价值观，为他们的全面发展奠定基础。在育人主体上，“大思政课”倡导多方参与，形成育人合力，除了思政教师，其他教职工、社会人士等都可以成为育人的主体，共同参与到育人过程中来，这种多元化的育人主体，能够为学生提供更丰富、更全面的教育资源和支持。在育人方法上，“大思政课”注重线上与线下的结合，随着信息技术的发展，线上教育已经成为一种重要的教育手段，“大思政课”通过线上线下相结合的方式，能提高教育的覆盖面和效率，还能够增强教育的互动性和趣味性，提高学生的学习兴趣和参与度。

2.“大思政课”之“思政”

在新时代背景下，“大思政课”承载着思想政治教育的使命，其核心在于塑造人的品德和树立正确的价值观念，即以“立德树人”为教育的出发点和落脚点，聚焦于理想信念的培育，这是“大思政课”的灵魂所在。“思政”一词，融合了“思想”与“政治”两个维度，明确了思想政治教育的范畴和深度，强调了教育过程中对思想深度和政治方向的双重要求，这表明“大思政课”既要传授知识，更要引导学生形成正确的世界观、人生观和价值观，确保他们在思想上和政治上与国家要求同步。

（1）思想性要深。“思政课”作为高校教育的重要组成部分，其深远意义不仅在于知识的传授，更在于对学生价值观念的塑造和引导，它强调以马克思主义思想为指导，培养学生的社会主义核心价值观，促进学生在知识与价值的双重提升中实现全面发展。“思政课”的思想性培育和提升，根本上依赖于对马克思主义理论的深入研究和实践应用，建立在中国共产党始终不渝地追求人民幸福和民族复兴的初心与使命之上，以及习近平新时代中国特色社会主义思想所设定的远大目标。进一步强化思政课的思想深度，关键在于深入研究并广泛传播马克思主义理论的核心要义，确保由那些具有坚定信仰、深厚学识和扎实理论基础的教师来承担教学任务，使学生能够真诚地热爱这门课程，并从中获得终身受益的知识。因此，思想政治课教师须不断提升自己的理论水平和教学能力，以马克思主义的科学理论为指导，采用宽广的视野和多样化的教学方法，全面推进主流意识形态的教育。教师还需明确自己的政治立场，把握“大思政课”的思想性特点，引导学生形成正确的价值观，培养他们成为具有坚定理想信念、高尚道德情操、扎实理论基础和强烈社会责任感的新时代青年。同时，思政课还要与时俱进，紧跟时代发展的步伐，不断吸收和融合新的理论、实践成果，使之更加贴近学生的生活实际，更加符合社会发展的需要，培养出一批又一批能够担当民族复兴大任的时代新人，为实现“两个一百年”奋斗目标和中华民族伟大复兴中国梦贡献智慧、力量。

（2）政治性要强。政治性是思政课的重要特征，它体现了思政课的根本性质和价值追求，在新时代背景下，“大思政课”的政治性要求更加明确和突出，它要求在教育过程中始终坚持正确的政治方向，即为人民服务、坚持党的领导、坚持中国特色社会主义道路。“国之大者”，强调的是要有大局意识和全局观念，要有对国家、民族发展大势的深刻理解和把握。在“大思政课”中，心怀“国之大者”意味着要引导学生深刻认识新时代发展理念，增强对中国特色社会主义的政治认同和政治觉悟，这不仅是对知识的学习，更是对信仰的坚守和对理想的追求。同时，还要培养学生的政治敏锐性和鉴别力，使他们能够在复杂多变的环境中保持清醒头脑，正确识别和防范各种政治风险，这需要不断加强思想政治教育的针对性和实效性，提高学生的政治判断力、政治领悟力、政治执行力。此外，还要坚定学生的“四个自信”，即对中国特色社会主义道路、理论、制度、文化的自信，这种自信来源于对中国特色社会主义伟大实践的深刻认识，来源于对中华民族伟大复兴光明前景的坚定信念，要凝聚起学生这支实现“两个一百年”奋斗目标的有力力量，为推动中国特色社会主义事业不断前进提供坚强的思想保证和人才支持。

3.“大思政课”之“课”

“大思政课”的“大”字，既体现了其在内容和形式上的广泛性、深远性，也强调了其在教育实践中的综合性和系统性，它不是简单的规模扩大，而是对传统思政课的深化和拓展，旨在构建更加开放、互动、多元的教育环境。“大思政课”的实践形态，要求我们不仅要在课堂上传授知识，更要将教育的触角延伸到社会生活的各个领域。这意味着，思政教育不再是封闭的课堂讲授，而是要与社会实际紧密结合，通过社会实践、志愿服务、社会调研等形式，让学生在参与社会生活的过程中，体验和感悟思想政治教育的内涵、价值。同时，“大思政课”的实施还需要树立“大思政”观和“大系统观”。“大思政”观要求拓宽视野，从宏观的角度审视和把握思政教育的方向和目标，将思政教育与国家发展、社会进步、民族复兴等宏大主题紧密结合起来，“大系统观”则要求从系统的角度理解和把握社会现象，用系统的思维来分析和解决社会问题，培养学生的系统思维能力和社会责任感。此外，“大思政课”的实施还需要善用各种教育资源和手段，包括新媒体、网络平台、社会实践基地等，构建一个线上线下相结合、课内课外相融合的育人体系。这样可以更好地引导学生树立正确的世界观、人生观、价值观，培养他们的社会责任感和历史使命感，为实现中华民族伟大复兴的中国梦贡献青春力量。

要深入领会“大思政课”的实质，须厘清其与思政课程的相似性与差异性。“大思政课”并非独立于传统思政课程之外，而是在其基础上的进一步发展，旨在强化思政课程的深度与广度。它强调在坚持立德树人这一核心使命的同时，汇聚各方力量，整合思想政治教育资源，运用多元化的教育手段，将历史、现实与未来相结合，全面推进育人工作，构建持续提升思政教育效果的新教育模式。在政治立场上，“大思政课”坚持正确的政治方向；在课程体系上，遵循教育规律，实现教育目标；在理论体系上，以马克思主义为指导，用习近平新时代中国特色社会主义思想培育人才；在教育目标上，落实立德树人的根本任务。中国历来重视“立德”的重要性，将其置于首位。“立德”一词最早出现在《左传・襄公二十四年》，书中讲到“太上有立德，其次有立功，其次有立言，虽久不废，此之谓三不朽”。强调了道德建设的关键地位，这与我国“育人为本，德育为先”的理念相一致。在新时代背景下，所立之德应为社会主义道德。而“树人”则是指培养人才，人才的培养是国家持续发展和繁荣的动力。教育的根本目的在于培养人才，而培养人才的首要任务是立德，立德和树人是相互联系的。思想政治教育课程是实现立德树人根本目标的关键课程，其独特地位不可替代。在中国高等教育课程体系中，课程设置通常涵盖三个主要部分：思政课程、专业课程和通识教育课程，它们相互补充，共同构成完整的课程体系。在这一体系中，思政课程在思政教育方面发挥重要作用，它传授党的政治理论，而且致力于培育具有深厚文化底蕴、高尚道德情操和远大理想的人才。这门课程坚持党的教育方针，在培养大学生的正确价值观和人生观方面产生深远影响。因此，思政课是落实立德树人的关键课程不仅明确了思政课在课程体系中的重要地位，也强调了思政课对培养人才的价值问题。“大思政课”作为思想政治教育课程的创新形式，继承了其根本使命，即立德树人。与传统的思想政治教育课程相比，“大思政课”在多个方面进行了扩展和深化。首先，它将教育的边界从课堂延伸到社会实践，实现了隐性教育与显性教育相结合；其次，它推动了教育主体的多元化，鼓励全体师生及社会各界参与到思政教育中来；最后，“大思政课”通过深化教育理念，形成了一种新的教育合力，推动思政教育向更广阔的领域发展。

从“大思政课”的基本内涵和“大思政课”与思政课的区别来看，“大思政课”具有以下几个显著的时代特征：一是视野开阔性，“大思政课”要求教师和学生拥有宽广视野，能够将历史与现实、国内与国际相结合，以历史的厚度和开阔的国际视野深化对政治理论的理解、讲授；二是时空延展性，“大思政课”突破了传统课堂教学的时空限制，贯穿学生从入学到步入社会的全过程，覆盖学校、家庭、社会等多个教育场域，实现线上线下相结合的教学模式；三是主体多元性，“大思政课”动员社会多方力量参与教育过程，形成教师、家长、社会人士等多元主体共同育人的格局，增强了教育的合力和实效性；四是目标明确性，“大思政课”虽然扩展了其教学形式和内容，但其核心教育目标——维护马克思主义指导地位，注重学生道德品质培养，确保教育内容的深度和方向性依旧明确；五是方法开放性，通过整合全媒体技术，实现了教育资源和载体的多样化、智能化，实现“大思政课”的立体化、沉浸式教学。

（三）“大思政课”新格局建设的内涵

构建“大思政课”的新格局是一项复杂而全面的系统工程，它要求以创新思政课程教学为主轴，动员全社会的资源和力量，通过“大课堂”“大平台”和“大师资”来提高思政教育的质量。这种新格局建设强调共建共享的原则，强化了问题意识和实践导向，直面思政教育改革中的挑战，聚焦核心问题，通过持续解决问题来推动“大思政课”的发展。在构建“大思政课”新格局的过程中，以培养具有道德品质和能够承担民族复兴大任的新时代人才为目标，为了实现这一目标，需要整合多方面的资源，建立协同育人的机制，确保思政课程与其他各类课程的协同发展，实现同步推进和共振。这种新格局的建立，旨在通过多维度、多层面的资源整合和互动，形成一种全新的教育模式，以适应新时代的教育需求。

二、“三全育人”与“大思政课”新格局构到的内在关联

（一）“三全育人”与“大思政课”具有共同的目标指向

“三全育人”与“大思政课”是高等教育中实现立德树人目标的两大基石。高校肩负着塑造全面人才并向社会输送这些人才的使命，须将立德树人置于教育工作的中心位置，并通过强化思想政治教育来回答教育的根本问题——“培养什么人”“怎样培养人”“为谁培养人”，为了有效解决这些问题，“三全育人”的理念应运而生，这一理念以人的全面发展和道德教育为基础，要求高校所有教职员工在履行自己工作职责的同时，积极对学生进行思想和价值观的正面引导；它还强调在整个教育过程中，从课程设计到评估，从学生入学到毕业进入社会，都要贯彻立德树人的原则，确保学生在学术和社会实践两方面都能得到均衡发展，着重解决“培养什么人”的问题，通过整合校园内外、课堂内外、线上与线下的各种教育资源，创建一个多角度、多层次、相互融合的教育体系。这样的体系不仅覆盖了学生在校园内的学习体验，也扩展到了社会大课堂，让学生在真实的社会环境中锻炼和成长，从而更有效地回答了“怎样培养人”的问题。

“大思政课”是实现立德树人目标的关键途径，提法从“思政课”到“课程思政”，再到“大思政课”，虽然时代背景在变化，但育人的核心价值观始终未变。思政课旨在解答学生疑惑，塑造其思想品德，为学生的人生打下坚实基础，引导他们建立正确的价值观。课程思政则是在思政课程的基础上，通过其他课程的辅助，实现教师在教学中融入育人元素，使课堂不仅是知识传授的场所，也是培养学生内在道德情感的阵地，培育具有高尚道德和责任感的人才。“大思政课”进一步强调了社会实践在育人过程中的重要性，提倡将思政教育与现实紧密结合，充分利用社会资源，创新教育方法，确保育人工作的全面性和深入性。由此可见，无论是“三全育人”还是“大思政课”，它们的核心都是致力于育人，其价值取向都是培育具有社会主义公德的人才，为社会主义事业培养建设者和接班人。

（二）“三全育人”是高校“大思政课”新格局建设的题中之义

在构筑“大思政课”的新格局过程中，须将“三全育人”理念作为指导原则。2016 年的全国思想政治工作会议提出了以立德树人为核心，将教育融到每一个教育环节和层面，实现全员、全过程、全方位育人的工作体系。2017 年教育部发布的《高校思想政治工作质量提升工程实施纲要》进一步明确了这一方向，旨在构建一个一体化的育人格局。“大思政课”正是在这一理念指导下提出的，它旨在探索和建立一种新的育人模式，这种模式强调整体性、结构性和系统性，以促进协同育人的效果。为了达到这一目标，须坚持“全员、全过程、全方位”的育人原则，并将这些原则融到“大思政课”的“大”概念中，也就是说要打破传统思政课堂的限制，将育人工作拓展到更广泛的社会领域，以实现更深远的教育影响。

（三）“大思政课”新格局是实现“三全育人”的实践机制

“大思政课”新格局建设是对“三全育人”理念的具体实践和深化，这一理念要求实现教育的全员参与、全过程覆盖和全方位整合，以形成统一的育人体系。面对如何凝聚全员的力量、如何确保教育过程的连贯性，以及如何实现有效联动等挑战，“大思政课”提供了一个综合性的解决方案。“大思政课”新格局作为一个有机的平台，连接了教育的各个主体和要素，促进了思想政治教育课程与社会实践、课程思政、学校与家庭以及社会资源、互联网技术的深度融合，这种融合体现在教学主体的多元化和协同上，也体现在教学对象的扩展上，即从学校教育向社会教育的延伸，以及教学方法的创新上，即从传统的线下教学向结合社会实践和新媒体多样化教学方式转变。“大思政课”新格局的建立，标志着“三全育人”理念从理论走向实践，从概念走向执行，实现了全员参与、全程覆盖、全域拓展的教育模式。这一新格局彻底改变了传统的思政教育方式，将“三全育人”理念具体化、实践化，推动了育人模式的全面创新。

（四）“大思政课”新格局建设的时代要求

在“三全育人”的框架下高校建设“大思政课”新格局，既是对传统教育理念的一次升级，也是对教育实践的一次大胆拓展，这种新格局的核心在于把握“大”的意蕴，并以此来完成“大思政课”的新使命。首先，要设定宏伟的教育目标，以马克思主义理论为指导，深化对中国特色社会主义理论体系的理解和教育，确保这些理论能够深入人心，并被学生所接受和理解，更要让其深刻感受到这些理论的真理性和时代价值，从而在思想上和行动上与国家的发展方向保持一致。其次，要构建宏大的教育格局，这要求形成党委统一领导、党政共管、部门协作、家校社共同参与的育人格局。通过确保教育的系统性和协同性，让每一位学生都能在思想政治教育中受益，实现教育的全面覆盖和深度融合。再者，要拓宽教育的阵地，充分利用课堂教学、课外活动、社会实践的联动效应，强化主阵地的教育作用，重视教学效果的深化。教学内容应从课堂延伸到课外，从表面知识传授转变为内在价值观的塑造，实现教育内容的多元化和教育方式的创新。最后，要将思政小课堂与社会大课堂有机结合，这就需要青年学生先接受好学校教育，再接受社会教育。打通课堂与社会之间的壁垒，用社会实践资源来丰富思政课的教学内容，推动教学方法的创新。更要引导学生将个人理想与社会现实相结合，将学习到的理论知识转化为服务社会的实际行动，实现教育与实践的紧密结合。

三、高校“大思政课”新格局建设的理论依据

（一）马克思恩格斯关于人的全面发展学说与社会发展合力论

1. 马克思关于人的全面发展学说

马克思的人学思想强调人的全面发展，这在其理论体系中占据重要地位。这体现在其思想发展的各个阶段，始终关注个体与社会的和谐发展，

在青年时期，马克思通过《青年在选择职业时的考虑》一文表达了他对个人职业选择与社会责任相结合的初步思考，“如果我们选择了最能为人类谋福利而劳动的职业……我们的事业并不显赫一时，但将永远存在，而面对我们的骨灰，高尚的人们将洒下热泪”。在《关于费尔巴哈的提纲》中，马克思进一步深化了对人的社会本质的理解，指出“人的本质在其现实上，是一切社会关系的总和。”揭示了个体发展与社会需求之间的内在联系。马克思认为，个体的发展须与社会发展相协调，人的自由实现需要在社会中贡献个体的知识、能力和素质。基于此，“大思政课”新格局的构建旨在促进个体与社会的和谐发展，通过建立丰富、全面的社会关系，满足人的自然属性需要和社会属性需求。在满足学生的自然属性方面，校园环境和设施应与学生的基本生活需求相适应，如提供适宜的饮食、运动和休息条件，而在满足“社会人”的属性方面，教育不应局限于课堂和校园，而应扩展到更广阔的社会场域中。“大思政课”的提出强调了思政教育的社会性和实践性，即教育不仅要在教室内传授知识，还要引导学生走出校园，参与社会实践，将理论知识与社会经验相结合，通过课堂教学与社会实践的有机结合，实现学生价值观的塑造和能力的提升，培养德智体美劳全面发展的人才，促进“走出去”与“引进来”实现有效的双循环。

2. 恩格斯关于“社会发展合力论”的有关论述

恩格斯巧妙地运用了平行四边形法则的比喻，来阐释社会发展中众多独立因素如何相互作用，最终汇聚成一股推动历史前进的强大合力。在这个法则中，平行四边形的每条边象征着社会中个体的意愿和行动，虽然这些意愿和行动各自独立，但它们相互作用，最终形成决定历史方向的合力。恩格斯指出，“历史是这样创造的：最终的结果总是从许多单个的意志的相互冲突中产生出来的……这样就有无数互相交错的力量，有无数个力的平行四边形，由此就产生出一个合力，即历史结果。”也就是说，历史并非由单一的力量所决定，而是由无数个体的意志和行动相互碰撞、交织而成，在这个过程中，那些影响力较大的个体意志和行动在合力的形成中起到了更为显著的作用，而那些影响力较小的个体意志和行动，虽然同样参与推动了历史的发展，但在合力的形成中可能逐渐减弱。因此，恩格斯的社会发展合力论揭示了每个个体在社会历史发展中的作用，每个人的意愿和行动，无论其影响力大小，都在为社会发展的合力做出贡献，这种贡献的大小，取决于个体在合力形成中的相对重要性。在高等教育领域，“大思政课”的构建正是基于这样的合力论原理，强调在“三全育人”理念指导下，充分发挥每个教育主体的作用，无论是教师、学生还是社会各界人士，每个人的贡献都是不可或缺的。通过整合各方面的力量和资源，形成强大的教育合力，提高思政育人的实效性。

（二）当代西方道德教育理论为“大思政课”新格局建设提供理论借鉴

1. 杜威的道德教育理论

约翰·杜威的道德教育思想深刻地影响了德育的发展方向，对中国德育实践具有启发作用。

他所提出的实用主义教育理念，从根本上批判了传统的教育模式，他认为教育的真正目标不在于知识的简单积累，而在于培养学生获取和创造知识的能力。所以，他主张教育应以学生为中心，通过实践活动和探索过程来促进学习，激发学生的主动性和创造性。杜威的“教育即生活”理念进一步强化了教育与生活的不可分割性，他认为教育是社会生活的重要组成部分，是个体成长和社会进步的动力。因此，他将学校、家庭和社会生活视为一个统一的整体。“大思政课”的理念与杜威的教育思想相呼应，强调将思政教育与社会生活紧密结合，反对将教育局限于书本和课堂，培养学生的实践能力和创新精神，培养国家所需要的人才。

杜威的道德教育理念倡导学校生活、教材和教育方法的整合，以实现道德教育与社会的联系。他主张利用学校日常活动来培育学生的道德观念，并通过教材内容将学生的能力与社会需求相衔接，从而培养学生的社会适应能力。在教育方法上，杜威推崇以活动为基础的教学模式，这种模式强调学生的主体性，将学习过程与实际操作相结合，注重个体差异，实施个性化教学。这一理念与当前的思政教育创新相呼应，在“三全育人”的框架下，强化课程思政的建设，以思政课程为枢纽，促进课程思政与思政课程的深度协同。这对构建“大思政课”的大课堂具有重要的参考价值。

2. 科尔伯格的道德认知发展论

科尔伯格的道德认知发展理论深刻地揭示了道德教育是一个分阶段、逐步提升的过程，这要求教育者精准识别并响应学生在不同成长阶段的特定需求，实现连贯的道德培养。他的理论中，道德教育方法主要体现为“道德讨论法”和“公正团体法”，前者着重于教师在促进学生深入思考中的引导作用，通过激发学生的道德认知冲突思考，促进他们的道德水平向更高层次发展；而后者则侧重于营造一个公正的道德环境，让学生在相互尊重与合作的氛围中体验平等与公正，从而提升个人的道德判断力和责任感。也就是在德育教育实践中，应重视营造良好的教育氛围，校园内的物质环境、文化氛围以及校训等都能以隐性教育的方式潜移默化地影响学生的价值观，促进他们的成长。

尽管中国与其他国家在政治体制和发展阶段上存在差异，但在培养人才这一目标上，有着与国际社会一致的追求，即致力于培养能够为国家发展做出贡献的人才。在借鉴国外教育思想的同时，须立足于中国的实际情况，进行深入的本土化改造和创新，以确保德育工作教育实践与中国的社会文化背景和具体需求相契合。

四、“三全育人”视域下高校“大思政课”新格局构到的意义

（一）为创新思政课育人模式提供新思路

当前，思想政治教育的主要工作是创新思政课改革，将思政课转为充满活力、朝气蓬勃的活力课程。

“大思政课”理念是对传统思政教育模式的革新，旨在通过创新教育模式，解决现有教育体系中的深层次问题，构建一个全新的育人生态，促使思政课进入新发展阶段。首先，辩证思维的深化，采用辩证法作为分析

和解决问题的工具，强化思政课程与其他教育要素之间的动态联系，推动教育内容和方法的不断进化。其次，系统思维的拓展，“大思政课”将教育视为一项覆盖全社会的系统工程，强调学校、家庭、社会三方的协同作用，共同构建一个全方位、多层次的育人网络。最后，实践思维的强化，“大思政课”着重于理论与实践的紧密结合，通过实践教学活动，使学生能够在真实社会环境中体验和应用所学知识，从而提升教育的实效性。

（二）为新时代思想政治教育工作指明新方向

在高校思想政治教育工作中，面对网络媒体的挑战、多元文化的冲击以及就业形势的压力，需采取灵活多样的策略来应对。“大思政课”理念强调要：“因事而化”，即根据具体情况调整教育内容和方法；“因时而进”，即紧跟时代步伐，利用新媒体等现代手段提升教育的吸引力；“因势而新”则要求不断创新教育模式，以适应形势的变化。这为思想政治教育工作提供了新思路，也为培养具有全球视野和社会责任感的新时代青年指明了方向。通过构建“大思政课”新格局，能够更好地引导学生形成正确的世界观、人生观和价值观，培养他们成为能够适应社会发展、推动社会进步的人才。

在深刻洞察国际国内新动态和精准把握青年成长规律的基础上，“大思政课”教育模式正经历一场根本性的转型。这场转型的核心在于教育理念的根本重塑、教学内容的深度革新、教育手段的全面升级以及教育载体的创新融合，它倡导理论与实践的紧密结合，将历史教育融入课程体系，加强党性教育，并充分利用网络技术开展线上线下混合式教学。同时，“大思政课”坚持课程思政与思政课程的深度融合，并扩充和提升教育队伍的专业水平。“大思政课”教育的目标是超越传统的知识传授，转向培养学生的批判性思维和实践能力，引导他们从实践中探索和发现真理。即培养学生运用马克思主义的观点和方法来分析问题、解决问题的能力，从而使其能够更深刻地理解中国特色社会主义的内涵和价值所在，增强学生的“四个自信”，激励学生为实现中华民族伟大复兴中国梦贡献自己的力量。

（三）为培育时代新人开辟新路径

青年群体是国家发展的中坚力量，他们的精神面貌和能力水平直接影响着国家的前途、命运。对大学生而言，培养坚定的骨气、远大的志气和充足的底气，不仅是对其个人品质的塑造，也是国家对年轻一代的殷切期望，这种期望是对青年的激励，也是对高等教育的明确要求。

国家和民族的长远发展需要大量高素质人才。在全球化和知识经济时代，人才竞争已成为国际竞争的核心，因此，培养能够担负起新时代中国特色社会主义建设重任的人才，是教育工作的首要任务。大学教育作为培养人才的关键阶段，肩负着塑造学生人格和能力的重要使命，其中，思政课程发挥着至关重要的作用，它既是传授知识的主要途径，更是培育社会主义建设者和接班人的重要途径，满足国家在意识形态领域的建设需求。“大思政课”的提出，是对传统思政教育模式的拓展和深化，它强调教育的全员参与和全过程覆盖，以实现立德树人的目标。这一理念的实施，要求思政课教师不仅要承担起教育的责任，而且要与其他课程和教育主体协同合作，共同完成育人任务。通过将教育融入学生的日常生活，确保学生在大学期间的每个阶段都能接受到全面的教育。“大思政课”强调与现实生活的紧密结合，要求思政课不仅要讲授理论知识，更要引导学生理解和把握时代的变化，培养学生的批判思维和实践能力。激发学生的内在动力，帮助他们抵御外来价值观的冲击，防止历史观的扭曲，确保他们成长为符合社会主义发展需求的人才。构建“大思政课”新格局，意味着在知识传授和价值引领之间建立协同发展的关系，解决当前思政教育面临的挑战，弥补现有“短板”，推动教育质量的提升。这一新格局的建立，将转变传统教育观念，创新育人模式，利用更广阔的视野和资源，提高学生的综合素质，促进他们的全面发展，为培养能够适应时代要求、具有创新精神和社会责任感的新时代人才提供坚实的基础。

第二节 “大思政课”与“三全育人”新格局建设的原则与方法

在国家政策的引导和理论探索的推进下，“大思政课”正成为高校育人的重要环节，以立德树人为核心，贯彻“三全育人”理念，取得了显著的教育成效，强化了育人工作的吸引力、针对性和有效性。面对课程资源、协同机制、教师素养等方面的挑战，须明确改革方向，确立构建“大思政课”新格局的基本原则和方法，推动“大思政课”新格局建设。

一、高校“大思政课”新格局构建的原则

“大思政课”的构建直面教育的根本问题——培养什么人、怎样培养人、为谁培养人，这一课程框架是在“三全育人”理念的引领下设计的，致力于构建一个全面且连贯的育人模式，这对塑造“大思政课”的新格局至关重要。为此，需遵循以下基本原则：坚持方向性与理论性相结合、坚持系统性与创新性相结合、坚持主体性与主导性相结合的原则，以利于新格局的构建与展开。

（一）坚持方向性与理论性相结合

思政课肩负着培养社会主义接班人的重大使命，其办学方向须牢牢把握社会主义方向，坚定不移地坚持党的领导，确保教育的社会主义性质。我国高等教育规模庞大，要实现教育的高质量发展，建设教育强国，坚持党的领导是核心。高校作为社会主义教育的主阵地，须全面贯彻党的领导，确保教育事业沿着社会主义方向前进。“大思政课”不仅要体现中国特色社会主义的基本属性，更要肩负起培养时代新人的重任，这就要始终坚持党的领导这一根本原则。正确的政治导向需要科学的理论支撑，“大思政课”

正是在社会主义意识形态指导下构建的，服务于国家的现代化建设，助力实现中国梦。为了国家的长远发展，须强化理论的引领作用，用习近平新时代中国特色社会主义思想武装头脑、指导实践，这是思政课的核心内容，也是人的思想与社会主义要求相统一的体现。正如帕斯卡尔所说，“思想形成人的伟大”，“我们全部的尊严就在于思想”。正确的思想对个人成长至关重要，思想政治教育要充分发挥其功能，引导大学生树立正确的世界观、人生观、价值观，将科学理论融入“大思政课”的各个环节，形成教育的合力，提升思政课的质量和实效，增强其育人功能。

（二）坚持系统性与创新性相结合

“三全育人”理念指导下的“大思政课”涵盖了多元化的参与主体和多样化的教学形式，还融入了多维度的教学方法，旨在全面提升学生素质。“大”在这里不仅代表了教育的广度，更体现了教育的深度，强调系统性和创新性的结合，优化教育要素间的互动，提升教育体系的整体效能。在系统优化建设方面，构建“大思政课”新格局，要实现学校、家庭、社会和网络教育的无缝对接，形成教育合力；将思政教育自然融入所有课程，实现全课程育人；确保从小学到大学的教育理念和内容的连贯性，实现全程育人。“大思政课”遵循学生成长规律，深化政治、理论和情感教育，将协同育人视为一个整体系统，强调系统化思维在育人效果中的作用。这要求重视多元主体的协同作用，发挥育人系统的整体性和协调性，确保系统要素间的有效配合、相互支持，使各要素协同作用，实现育人效果的最大化。同时，创新发展是构建“大思政课”新格局的另一大支柱，这要求教育体系不断吸收新元素，促进系统的持续进化和完善。教育者要及时更新育人内容和教育手段，创造性地转化教育方法，拓展教育视野，以适应时代和学生的需求，推动思政教育的深入发展。

（三）坚持主导性与主体性相结合

“大思政课”以现实的人为教育的主体和教育对象，构建“大思政课”

新格局就要坚持以人为本，强调教师和学生在教学过程中的互动与合作，教师发挥主导作用，引导教学方向，确保教育内容符合社会主义核心价值观，同时激发学生的主体性，鼓励他们主动学习和思考。这种主导与主体的结合是提升思政课效果、解决教育根本问题的关键。教师在思政课中的责任不仅是传授知识，更重要的是引导学生形成正确的价值观和世界观。通过实践活动，将教学理念融入学生心中，实现教育目标。同时，教师需要创新教学方法，从单向灌输转变为互动引导，促进学生从被动接受到主动探索的转变。学生作为学习的主体，他们的主动性和创造性是教育成功的重要因素，在教师的引导下，学生应积极参与教学活动，通过实践深化对知识的理解和对价值观的认同，要从“要我学”转变为“我要学”，在教师的主导下发挥自己的主体性，形成独立思考和判断的能力。教育的最终目标是为国家培养合格的社会主义建设者和接班，这要求教师在教学中注重学生的个性化发展和社会需求，通过实践活动培养学生的社会责任感和实践能力，学生则需要在受教育的过程中不断吸收知识、提升自我，成为能够为社会发展做出贡献的人才。“大思政课”强调教育与社会实践的结合，教师和学生都应将课堂学习与社会生活相联系，使思政教育更加生动、具体，教师要发挥积极性、主动性、创造性，引导学生在社会实践中学习、认识事物，学生则需要在实践中发挥主体能动性，主动接受知识、认识社会，形成正确的价值观。正如英国著名哲学家怀特海所说，“教育只有一种。教材，那就是生活的一切方面。”“大思政课”正是将这一理念应用于思政教育，通过主导性和主体性的结合，实现教育过程与立德树人目标的统一，培养出既有深厚知识基础，又有强烈社会责任感的新时代人才。

二、高校“大思政课”新格局构建的方法

深化“大思政课”建设，塑造其新格局，是紧跟新时代步伐、推动思政课程深度革新、提升教育质量的重要举措。“大思政课”是思政教育的新阶段，更是思政课建设经验与规律的集大成者，将在思政课培根铸魂的导

向功能中占据重要位置。因此，探索“大思政课”的构建方法和形成的新格局，对于确定其育人方向和构建新格局的思路至关重要。

（一）构建“思政课 + 各类课程”同向同行、同频共振新格局

“大思政课”旨在塑造符合时代要求的新青年，培育社会主义的建设者与接班人，它突破了传统教材和课堂的范畴，通过整合多样化的资源、方法，并将其融入思政课程的构成要素中，以此激发学生的思考与实践，确保思政课程在立德树人方面的作用得以充分发挥。思政课的内容广泛，包括马克思主义基本理论，还涉及经济、政治、文化、社会、生态文明等多个层面，以及党的建设等重要领域，鉴于此，思政课程需要与专业课程相融合，确保在强化思政课程的主渠道作用的同时，实现专业课程与思政课程的同向同行，形成协同效应。“大思政课”并非传统思政课的简单扩展，而是在继承其精髓的基础上，对内容和形式进行了根本性的创新、深化，它超越了传统课堂的界限，成为一种全新的课程形态，旨在构建一个既具有内部协同效应又对外部开放的思政课程体系。“大思政课”追求的高质量目标不仅仅局限于一门课程的教学质量，而是重在打造一个涵盖思政课程及其他各类课程的课程群，这个课程群包括传统的思政课程，还涵盖了专业课程、通识课程等，形成了一个多元化、综合性的课程体系。因此，“大思政课”新格局的一大表现就是“思政课 + 各类课程”同向同行的协同新格局。

深刻理解“大思政课”的思想性，要求坚持大课程观，将“育人”和“协同”作为构建教育场域的基石。在这一新时代的教育框架下，教育的使命已经超越了单纯的知识传授，而是转向了更深层次的人格塑造和价值引领。课程之间的协同不再是一种选择，而是实现全方位育人的必经之路。首先，思政课程和哲学社会科学课程须同步推进，后者要在传授知识的同时，培育学生的人文精神和价值观念，为思政课程提供深厚的学术和理论基础。其次，知识与价值观的双轮驱动，在思政课的改革与创新中，要实现知识传授与价值引领的统一，确保学生在知识的学习中，形成正确的政

治观念和价值取向。最后，专业课程的价值观渗透，专业课程与思政课程应同向同行，既要传授专业技能，还要在教学中隐性地融入社会主义核心价值观，促进学生综合素质的提升和人格的完善。这种协同不是简单的课程叠加，而是在坚持办学本质和育人目标一致的基础上，对课程设置、教学方法、评价机制进行深层次的革新，形成全课程育人的大格局，培育出既有深厚专业知识，又具备坚定思想政治素养的社会主义建设者和接班人。学校应始终将正确的政治方向放在首位，但这并不妨碍科学文化的学习和掌握，高度的政治觉悟将极大地激发学生学习科学文化知识的自觉性和勤奋度。

在推广“大课程观”的同时，对教师角色的要求也随之提升，催生了“大先生”这一概念。“大先生”要求教师具备深厚的专业知识，更要求他们在德行和政治立场上成为学生的楷模，即教师在培养学生成为社会主义建设者和接班人的过程中，既要精通专业知识，做好“经师”，又要涵养德行，成为“人师”，实现“经师”与“人师”的统一。“经师”侧重于专业知识的传授和疑惑的解答，“人师”则侧重于价值观和人生道路的引导。一个称职的教师，既要能够传授知识、解答疑惑，又要能够引导学生形成正确的价值观和人生观，如果教师只注重价值观的灌输而忽视专业知识的传授，那么就失去了教育的基础。在“大思政课”背景下，“大先生”要有扎实的专业知识，更要有高尚的道德情操和坚定的政治立场，通过自己的言传身教，成为学生学习、做事、做人的榜样。在学术上，以深厚的学识开启学生的智慧；在实践上，以对国内外大事的深刻理解为学生提供正确的导向；在人格上，以坚定的政治立场和高尚的道德标准培养学生的素质。“大思政课”下的“大先生”不局限于思政课教师，而是要求所有学科的教师都应努力成为好先生，无论是文科、理科还是工科，教师都应该提高自己的育人意识，深入学习马克思主义理论，用马克思主义的立场、观点和方法指导教学实践。同时，教师之间要加强沟通和协作，形成教育的合力。

（二）构建“思政课＋学校日常思政”校内循环的互动新格局

高校的思想政治教育须超越课堂限制，全面融入学生的日常生活和课外活动中，实现实践性、渗透性和广泛性的有机统一。高校思想政治教育强调理论知识与实践的紧密结合，通过实践活动验证和深化理论知识，促进学生知行合一。同时，思政教育应悄无声息地融入学生的日常生活，以多样化的形式和广泛的覆盖面，潜移默化地影响学生的思想和行为。构建“大思政课”新格局，需要将思政教育贯穿学生的整个大学生活，针对不同阶段的特点和需求，开展有针对性的教育活动。教育工作要覆盖教学、管理和服务等各个方面，形成显性与隐性教育的有机结合。此外，各部门之间要加强沟通与协作，形成全员参与的育人合力，确保思政教育的全方位覆盖和有效实施。

思政课与学校日常思政的协同育人，旨在强化思政课“主渠道”地位的同时，发挥学校日常思政“主阵地”的作用，实现教育内容和方向的内在协同，以及教育主体、手段和环境的外在协同。内在协同即思政课与日常思政教育在育人内容上保持一致，虽各有侧重，但其共同目标是培养堪当大任的时代新人。外在协同包括主体协同、介体协同、环体协同三个部分，主体协同即加强思政课教师与高校其他教育工作者之间的合作，形成育人合力；介体协同即创新教育手段，实现理论与实践的结合，促进“知行合一”；环体协同即利用教室外的校园环境作为育人场所，拓宽教育空间，实现资源共享。

（三）构建“学校思政课＋家庭社会”内外联动的协作新格局

“大思政课”新格局的构建，强调了思想政治教育的整合性和联动性，其核心在于通过构建一个涵盖家庭、学校和社会的全方位教育体系，实现教育资源的最大化利用和育人效果的全面提升。这种格局不仅关注学生个体的微观成长，也着眼于国家和社会的宏观发展，确保教育的方向性、连贯性和互动性，以培养具有时代责任感和历史使命感的社会主义建设者和接班人。随着三全育人理念的广泛普及，家庭和社会对高校教育的支持日益增强，为“大思政课”的深入实施提供了坚实的基础和社会氛围。

在构建“大思政课”新格局的过程中，内循环的畅通至关重要，它要求学校、家庭和社会三者之间形成紧密的协同关系，共同促进学生的全面发展。首先，学校作为教育的主阵地，要充分发挥“大思政课”的主导作用，整合思政课教师、专业课教师、党政干部及后勤人员等多方力量，形成教育合力。通过深入挖掘历史资源和新时代建设的实践资源，激发学生的爱国情怀和民族自豪感，增强学生的“四个自信”。其次，家庭作为“大思政课”的基础性工程，需要对学生早期思想意识和价值观念进行塑造。家长的言传身教对学生的影响深远，特别是在大学生这一意识形态形成的关键时期。家长应通过讲述英雄事迹、共同讨论时事政治等方式，引导学生形成正确的价值观，提升其对党的认同感和时代使命感。最后，社会作为“大思政课”的辅助场所，为学生提供了一个广阔的实践平台。社会环境的司法公正、风气廉洁、治安稳定等都对学生产生着潜移默化的影响。杜威认为“社会不仅通过传递、通过沟通继续生存，而且简直可以说，社会在传递中、在沟通中生存”，要“避免过分学校式的和形式的教育观念”。因此，社会应成为学生坚定政治方向、理想信念的重要支撑，通过健康的舆论氛围和社会实践活动，为学生的成长提供丰富的社会资源和实践机会。

从外循环的视角出发，实现学校与家庭、社会之间的良性互动是构建“大思政课”新格局的关键。协同作用不仅是一种社会现象，更是一种推动教育发展的内在动力，尽管学校、家庭和社会在结构上各自独立，但它们在育人目标上是一致的，且相互之间的协同能够极大地增强教育的整体效能。首先，建立“家校互动”的桥梁至关重要，家校合作的深度和广度直接影响思政课的实践教学效果，家长作为孩子教育的首任教师，其教育资源的有效整合对思政课教学至关重要，高校需要积极引导家长参与到道德教育中来，通过建立家校联通平台，实现资源共享和信息互通，共同探讨和优化教育策略，以提升教育的针对性和实效性。其次，构建“社校联动”圈，社会作为一个广阔的教育资源库，其丰富的实践场景和多元的价值观为思政教育提供了生动的素材。通过开发校外资源，将社会实践活动纳入思政课教学体系，可以让学生在真实的社会环境中学习和体验，从而加深对理论知识的理解和应用，实现理论与实践的有机结合。且通过社校联动，可以促进学生的社会责任感和实践能力的培养，帮助学生形成正确的世界观、人生观和价值观。这种联动能够增强学生的社会实践能力，还能够提高他们对社会主义核心价值观的认同感和践行力。

总而言之，实现学校、家庭和社会三方协同育人的关键在于构建一个统一的协同育人机制，这一机制以大衔接观为指导，确保三方在保持各自独特价值的同时，能够充分发挥各自的功能，形成高效的内外循环系统。在这个统一性的框架下，学校、家庭和社会能够相互借鉴优势，互补不足，最终融合成为一种强大的育人合力，这种合力超越单一教育主体的局限，实现了 1+1+1>3 的协同效应，为学生的全面发展提供了更加丰富和立体的教育环境。实质上，“学校家庭社会协同一致，建立一个良好、健康和持续改进的‘日常德育生活形态”，就是最好的“学校家庭社会协同育人”。

（四）构建“小课堂 + 大课堂 + 云课堂”互促互进的协同新格局

“大思政课”新格局的构建，体现了思政课程在空间和形式上的创新、拓展，这种新格局将教学的边界从校园推向了更广阔的社会空间，也通过线上平台的运用，打破了传统教学的时空限制，实现了教育的即时性和广泛性。“大思政课”是对传统思政教育模式的一次根本性重塑，它将思政教育的视野从校园课堂扩展到了整个社会，构建了一个全新的大思政教育格局。这一格局突破了学校场域的物理和思想界限，将思政教育融到社会生活的各个层面，形成了一个由学校小课堂、社会实践大课堂和网络互动云课堂共同构成的立体化教育网络。“大思政课”的提出，是对“小思政课”，即国家确定的直接理论形态德育课程的深化和拓展，它不是对传统思政课的否定，而是在传统基础上的延伸和发展。

“大思政课”的构建，深刻体现了理论与实践相结合的教育理念，它将课堂内的理论知识与社会大课堂的丰富实践相融合，旨在塑造一种全新的育人模式。这种模式响应了唯物主义实践论的号召，也体现了知行合一的教育追求，有效弥合了学生思想政治道德现状与社会主义现代化建设需求之间的差距。在“大思政课”的框架下，高校需将教育的触角延伸至社会各领域，利用社会现实问题作为教学的活水源头，引导学生以科学的方法分析和解读社会现象，从而将抽象的理论知识转化为解决现实问题的能力。这种教育模式强调理论学习向社会实践的拓展，鼓励学生在改革开放和社会主义现代化建设的实践中，感受时代脉动，坚定对中国特色社会主义的信念，并将其转化为推动民族复兴的实际行动。“大思政课”强调将思政小课堂的理论与社会大课堂的实践相结合，以实现理论教育与实践应用的统一。社会大课堂提供实践平台，让学生将小课堂学到的理论知识应用于实际，通过实践活动将感性认识上升为理性认识，增强理论教学的现实性和针对性。同时，思政小课堂为社会大课堂提供科学的世界观和方法论，帮助学生在多元复杂的社会生活中形成正确的价值观，引导他们践行社会主义核心价值观。社会生活的丰富性可以弥补小课堂的局限，但面对复杂的社会现象，需要学会甄别，确保社会实践活动体现思政课的性质，具有思想政治教育功能。小课堂的主流价值引领和理性信念支撑对于学生在多元利益冲突中坚定信仰至关重要，它是引导学生形成正确价值观，坚定信念的保障。

“大思政课”将传统的思政教学课堂与现代网络云课堂相结合，打破了时间和空间的限制，实现了教育资源的最大化利用和教学方法的创新，这一结合为思政教育提供了新的传播渠道，也为学生提供了更加丰富和多元的学习体验。在技术革新的浪潮中，“大思政课”正通过人工智能、虚拟现实等技术，重塑教学内容和教学手段，实现技术与思政教学的融合，这种融合不是单纯的技术堆砌，而是深度整合，使得技术成为推动思政教育发展的主要动力。通过这种方式，思政教育能够更加生动、形象，更能激发学生的学习兴趣和参与热情。高校思政课程的主要教授对象是青年学生群体，这一群体对新技术的接受度高，具有强烈的探索欲望和创新意识。“大思政课”在尊重学生成长规律的基础上，通过新媒体新技术的应用，增强了课程的时代感和吸引力，提升了课程的互动性和体验性，使得思政教育更加贴近学生的生活实际。运用技术开展“大思政课”是顺应时代发展的必然趋势，它体现了教育的时代特征，而且促进了思政教育向社会的拓展，实现了教育资源的开放共享，强化了传统思政课教学效果，优化了学生获取信息的方式。

要解决“大思政课”建设面临的问题，构建具有系统化、结构化的育人模式，首先要遵循基本原则和方式方法，在基本遵循的基础上更好地展开育人工作。

第三节 “大思政课”与“三全育人”新格局建设的路径

一、坚持党的全面领导，构建“大思政课”新格局的保障体系

（一）坚定政治立场，把稳“大思政课”新格局的政治方向

教育体系中，坚持正确的政治方向是至关重要的，特别是对于思想政治理论课程的建设与发展，须坚定不移地遵循党的指导原则，因为政治方向是关乎党的发展和国家未来的根本问题。一方面，要将对思想政治课程的重视提升到战略高度，并将其建设作为教育发展的重点任务，这要求党在教育全局中发挥核心领导作用，确保思想政治教育沿着社会主义方向前进。高校思想政治工作体系和机制的完善是关键，要在重要政策和决策中充分发挥思想政治教育的优势。另一方面，须增强党在思想政治工作中的政治意识和政治能力，要在领导高校思想政治课程建设时，明确工作的性质，坚持政治原则，在工作布局、团队建设和保障支持等方面确保政治教育的贯穿。中国共产党作为马克思主义的坚定实践者，在高校思想政治课程建设中应不断强化政治意识，明确政治导向，确保政治教育在高校的问

题分析、价值判断、趋势把握、决策制定以及日常事务处理中发挥核心作用。构建和完善高校思想政治课程体系是一项重要的政治任务，需要以强烈的政治责任感和历史使命感来推进，确保思想政治课程建设与党的中心工作紧密相连，并有效实施思想政治工作。

（二）强化思想引领，营造“大思政课”新格局的良好氛围

高校在维护国家意识形态安全方面发挥重要作用，因为意识形态的领导权是一切领导权中最为关键的部分。作为学习和传播马克思主义、推广主流价值观的重要场所，高校须在意识形态领域占据前沿阵地。思政课程是高校进行意识形态教育的直接且有效的方式，面对外来意识形态的渗透和网络舆论的负面影响，须采取有力的措施，坚定地维护中国特色社会主义的旗帜，保卫社会主义意识形态的思想高地和文化疆域。在新的形势下，党必须牢牢掌握高校意识形态的领导权，确保舆论阵地的稳固性和有效性。一方面，须具备强烈的政治自觉意识，党组织在政治上要保持清晰的认识，全面加强党的建设，强化队伍建设。要按照政治家的标准严格自律，以专家的标准提升个人素养，以实干家的标准推进意识形态工作，为思想政治课程的建设提供正确的方向和坚实的基础。另一方面，须具备强烈的使命感，党在领导思想政治工作时，须展现出这种使命感。推动中华民族伟大复兴需要强有力的意识形态指引，实现“两个一百年”奋斗目标则依赖于青年人才的持续努力。党在引导思想政治工作中，应深入理解国家的实际情况，反映人民的意愿，呼应时代的特点，并创新思想政治工作的方法。要建立方式新颖、内容多样化、具有实效性的舆论引导体系，不断提升思想政治课程对学生的吸引力和凝聚力。

（三）加强齐抓共管，形成“大思政课”新格局的良好局面

构建高效且全面的思想政治教育体系需要全党全社会的共同努力和协作。这一体系的建立不是单一机构或个体的任务，而是需要全方位参与和支持的系统工程。因此，要形成全社会共同努力办好思想政治理论课、教

师全心投入讲授、学生积极参与学习的良好局面，为此须建立一个系统化、全面且协调一致的工作体系。在这个体系中，党的领导是核心，高校各级党组织要承担起主导责任，确保思想政治教育工作与新时代的要求相适应，这涉及在教师引进和思想政治教育质量提升上发挥关键作用，确保教育内容和方法的现代化和有效性。党政领导的共同负责对于实现这一目标至关重要，党政领导人需要亲自参与到思想政治理论课程的建设和讲授中，与负责思想政治教育的教师保持紧密的联系，并定期组织研讨会和交流会，以确保思想政治教育的质量和效果。各相关部门需要在微观层面上相互协调，各负其责，同时在党的统一领导下，确保思想政治教育的正确方向，具体而言，要在方法上实现齐抓共管，通过多部门的合作和协调，确保思想政治教育的各项工作得到有效推进和实施。

（四）加强政策支持，提升“大思政课”新格局的保障力度

在推进“大思政课”新格局的构建中，高校须采取更为深入和全面的策略来整合校内外资源，以实现教育环境的深度融合，这涉及政策和资金的支持，更关乎教育理念和实践的革新。首先，高校需要与政府紧密合作，利用政府提供的政策、资金和技术支持，建立一个稳固而持久的教育支持体系。教育行政部门应制定一系列连贯且有效的政策，确保这些政策能够支持高校在育人方面的长期发展，并且与社会辅助制度相衔接，形成校内校外的协同效应。其次，高校应重视制度的统一性和协同性，确保校内教育与校外实践在政策上形成一致，以便在不同教育体系间建立有效的联系和协作。对于协同不佳的情况，高校需要及时调整策略，确保教育实践能够满足育人的需求。在师资队伍建设方面，高校应建立完善的兼职思政课教师保障机制，提升教育质量，并消除不同部门间的隔阂，实现教育资源的共享和流通。这将有助于打通校内外的壁垒，实现教育空间的真正协同。最后，高校还需探索创新的教育模式，利用数字技术提高教育的互动性和吸引力，通过社会实践活动增强学生的实践能力和社会责任感，这些措施将有助于构建一个开放、协同和高效的育人环境，为学生提供全面而深入

的思政教育。

二、改革创新思政课与课程思政教学

（一）把党的创新理论融入“大思政课”的教学实践

党的创新理论构成了“大思政课”的精神支柱，这种理论体系根植于对马克思主义的深刻洞察，并且与中国特色社会主义的实践紧密结合，反映了对中国传统文化和历史经验的深刻理解。“大思政课”之所“大”，体现在其深邃的历史视角和文化根基上，它不仅要求学生掌握理论，更鼓励他们从历史和文化的角度去理解和吸收。深化对习近平新时代中国特色社会主义思想的理解成了继承和发展马克思主义理论的必经之路，为此，要通过建立研究中心、整合教育资源、创建实践基地和开展党史学习教育，实现理论与实践的紧密结合，使学生能够亲身体验理论的生动实践，增强对理论的信念和认同。在教材编写方面，教育部门要努力构建一个独立的、系统化的知识体系，将党的理论创新成果纳入到教材中，使之成为教学的核心内容。这需要对现有教材进行优化，还要制定教学大纲、提出教学建议，以及开展专题研究，从而将习近平新时代中国特色社会主义思想融到哲学社会科学的教学体系中。这种整合旨在推动思想政治教育与专业课程的协同，实现教学内容和教学方法的革新。

（二）加强以学习贯彻习近平新时代中国特色社会主义思想为主的思政课课程群

在新时代背景下，高校思想政治教育的核心任务是加强以习近平新时代中国特色社会主义思想为核心的课程群建设，这一任务要求将这一思想概论课作为思政课建设的中心，构建一个包含必修课和选修课的全面课程体系，这个体系需要充分考虑全国各地各高校的实际情况和地方文化背景，以确保课程的普遍适用性和地方特色。为了实现这一目标，高校需要打造一批以习近平新时代中国特色社会主义思想为主题的精品课程，这些课程应该深入浅出、富有吸引力，能够引起学生的共鸣。在课程内容上，要紧跟时代发展，不断更新和丰富教学内容，使之更加生动、贴近实际。在教学方法上，要采用更加互动和参与式的教学方式，如案例教学、讨论教学、模拟实践等，以提高学生的参与度和思考能力。同时，高校需要围绕新中国史、改革开放史、宪法法律等重要领域，开设一系列选择性必修课程，这些课程应该依托课堂教学内容，充分挖掘和利用地方文化、校史资源，将伟大精神、实践成就、英雄事迹等引入课堂教学，使思政课更加生动、有感染力。此外，高校还需打造具有中国特色的选修课程，如中国历史、中国文化、中国发展等，这些课程应该围绕中国国情，反映中国特色社会主义的发展成就，增强学生的国家认同感和文化自信。在推进思政课程建设的同时，也要注重课程思政的建设，将思想政治教育融到所有课程中，实现全员、全过程、全方位的育人格局。

（三）建好思政课程与课程思政同向同行的思政大课堂

高校教育中，课程思政与思政课程的融合对于实现育人目标至关重要，这种融合要求两者在理念上达成共识，在实践中步调一致，实现同向同行。也就是强调双方在教育目标上的一致性和在实施过程中的协同性，确保教育活动不出现方向性的偏差。要实现课程思政与思政课程的深度融合，首先须确立两者共同遵循的政治原则，尽管两者在教学方法和内容理解上可能有所区别，但在政治立场和原则上必须保持高度一致，确保教育活动始终以正确的政治导向为指引。其次，要共同维护教育的核心价值观——“立德树人”，突出教育的双重任务：一方面是“树人”，即培养学生的综合素质和社会责任感；另一方面是“立德”，即培养学生的道德品质和思想修养，这两者相辅相成，共同构成了教育的完整图景。最后，强化学科间的互补性是实现这一目标的关键，专业课程的多样性为思政教育提供了丰富的素材和视角。每个学科都有其独特的价值和优势，可以从中提取出有益于思政教育的思想和理念，通过学科间的交流、融合，可以促进思政教育内容的深化和拓展，实现教育资源的最大化利用。

（四）优化思政课教学与综合素质考核相融合的“大思政课”评价体系

为确保思想政治理论课的教育质量和效果，教学评价体系须进行全面革新，以适应新时代的教育要求，这一体系要从根本上重新构思，以实现真正的多元化、互动性和实效性。首先，评价体系应当彻底打破传统的评分模式，转而采用包含自我评价、同行评审、学生反馈、校领导监督、用人单位反馈以及社会评价的多维度评价模型，这种模型能够从不同角度捕捉教学活动的综合效果，确保评价结果的全面性和客观性。其次，评价体系应当重视教学内容的创新性和时代性，教学内容须紧跟社会发展的步伐，及时反映最新的研究成果和社会动态。教学方法也需要不断创新，以提高学生的参与度和思考能力，应灵活运用案例教学、讨论教学、模拟实践等多样化的教学手段，激发学生的学习兴趣和批判性思维。再次，评价体系应当强化教学研究的权重，鼓励教师进行教学创新，这包括教学内容和方法的创新，也包括教学评价方式的创新，激励教师不断探索新的教学理念和方法，提高教学质量。然后，评价体系应当建立一个及时、全面的教学质量监督和反馈机制，对教学活动的持续监控和评估，对教学效果的定期反馈，使教师可以及时了解自己的教学效果，调整教学方法和思路，不断提升教学质量。此外，对于学生的评价，应当注重理论与实践的结合，这包括对基础理论知识的掌握程度的考察，也包括对学生运用这些知识分析和解决现实问题的能力的考察，考核方式应当多样化，包括笔试、口试、实践报告、项目研究等多种形式，以全面评估学生的学习效果。最后，对于表现突出的教师或教师集体，应当给予专项资金支持和表彰，以示鼓励，还应当扩大评价主体，提升激励机制，为辅导员、管理人员提供转岗成为思政课教师的机会，增强思政课教师队伍的育人力量。

三、建设“三位一体”协同的教师队伍

（一）建设专兼结合的思政课教师队伍，提高思政课教师队伍育人水平

打造一支高质量的思想政治理论课教师队伍是实现高校育人目标的基石，为此，高校须确保有足够的专职思政课教师编制，依据师生比例合理设置岗位，满足教学需求。同时，高校应充分利用兼职教师资源，包括具有高政治觉悟的辅导员和政治素养过硬的学科教师，通过专业培训使他们能够承担起思政课的教学任务。此外，高校应拓展师资来源，邀请社会各界的专业人士参与到思政课的教学中来，成功的企业家、社科理论专家、党政干部等，可以用他们的亲身经历和专业知识丰富教学内容，为学生提供更广阔的视野。高校须确保这些内容与思政课的教学目标和性质保持一致，防止偏离教育方向。高校还需积极聘请科学家、先进模范等担任兼职思政课教师，他们的实践经验和专业知识能够为教学增添活力和深度，在优化教师配备比例时，要严格把控思政课教师的政治素养、专业能力和师德师风，确保教师队伍在思想素质上达到高标准，实现教师队伍的全面建设和强化。

（二）强化高校教职员工的育人职责，建立协同育人格局

强化高校教职员工的育人职责，关键在于明确其职责范围，提升他们的责任意识和专业、思想素质。高校应以“双一流”建设为导向，合理规划学科发展，提高教学和科研质量，科研质量的提升有助于拓宽学生视野，吸引资深学者，举办学术论坛和规范讲座，加强学术诚信教育。在高校中，管理的质量直接关系到教育目标的实现和人才培养的成效，因此，高校须采取强有力的措施，彻底改革和加强管理体系，以确保各部门之间的高效协作，并为立德树人提供坚实的基础。首先，管理人员必须明确自己的职责，并制定清晰的责任清单，辅导员、班主任和研究生导师等要与学生保持紧密的联系，还要深入参与学生的思想政治工作，引导他们形成正确的

学习方向、就业规划和生活习惯。导师要监督学生的学业进展，还要在思想上给予引领，帮助学生树立正确的价值观。为了加强教职员工的管理，高校须强化对相关职能文件的学习，并培训专业化的队伍，这包括定期组织培训和研讨会，以提高教职员工的专业素养和教学能力。同时，高校还应建立一套严格的考核和激励机制，以确保教职员工始终保持高度的责任感和积极性。宿管员、餐饮人员和后勤人员等教辅人员与学生的日常接触频繁，他们可以通过面对面的交流活动或者组织学生参与岗位工作，让学生亲身体验后勤工作的艰辛，从而培养起尊重他人劳动、形成正确的劳动观和脚踏实地的品质。

（三）培养高校教师队伍“思政共同体”意识，提升课程思政的育人效果

思想政治理论课程对于塑造学生的价值观和世界观具有决定性的作用，而这一重任的实现，关键在于教师的素质和能力，教师是传授知识的引导者，更是影响学生全面发展的关键因素，因此，须从宏观和微观两个层面着手，全面提升教师队伍的整体素质。宏观层面上，要建立和完善国家、地方和学校三级培训体系，确保教师培训的全面性和系统性，通过组织教学研讨、加强青年马克思主义理论教师的培养，以及开展示范性教师培训，不断提升教师的专业素养。同时，通过专业培训与考核，确保教师能够跟上时代的步伐，不断更新教学内容和方法。还要通过组织教学基本功的交流活动，促进教师之间的相互学习和共同进步，形成良好的教学氛围。微观层面上，即从教师个体的角度来看，高校思政课教师应具备高标准的自我要求，这包括道德修养、政治素养、知识功底和科研能力。教师的道德修养直接影响学生的道德水平，教师的言传身教对学生品格的形成具有深远的影响；政治素养是思政课教师必备的素质，强烈的政治觉悟、纪律和规矩是讲授好思政课的基础；知识功底的深厚是适应思政课特点的需要，教师需要具备扎实的学识、广阔的视野和前瞻性思维；科研能力则体现在对新时代社会问题和热点的敏锐洞察与甄别上，教师的科研能力可以转化为教学资源，培养学生的独立思考和甄别能力。此外，构建“思政共同体”

需要把握“专职队伍”与“全员育人”的关系，促进思政课程与课程思政的协同发展。即除了思政课教师，其他专业课程教师也应要参与到育人工作中，通过跨学科交流，增强育人能力，实现每门课程都蕴含思政元素，每位教师都参与育人工作。

四、完善校内外合作协同互补的支持体系

“大思政课”作为一种创新的教育模式，要将传统的思政课程与社会实践紧密结合，形成一个更为广阔的教育平台，这涵盖了课堂内的理论知识传授、课堂外的社会实践体验，旨在培养学生的综合素质和社会责任感。在实施过程中，“大思政课”面临着诸多挑战，如资源配置、课程内容与实践的对接、教学评价体系的建立等。因此，构建一个全面的支持体系对于“大思政课”的成功实施至关重要。这要求高校加强思政课程与社会实践教学的协同联动、建立协同机制，为“大思政课”新格局的建设提供坚实的基础

（一）善用社会大课堂，构建课堂教学与社会实践协同机制

在推进思政教育的创新与发展中，社会的广泛协同作用显得尤为关键，这关乎资源的整合和教育合力的形成，更涉及对教育方向的精准引导。为此，须在组织架构上确立党委的领导核心，构建一个跨部门合作的思政教育工作体系，确保从理论到实践的教学活动都能沿着正确的政治方向前进。在教学实践中，要打造一支由思政课教师和辅导员共同组成的专业教学团队，这支团队将共同承担起实践教学的重任，通过深入了解学生的思想动态和价值追求，更有效地解决他们的思想问题和实际困难，从而构建起一个全面覆盖学生安全与发展的保障制度。高校需要充分利用现有资源，建立专门的实践教学基地，将课堂学习与社会实践紧密结合，让学生在真实的社会环境中体验和理解党的创新理论，这种实践教学的安排必须科学合理，确保学生有足够的时间和机会参与实践活动，避免实践教学流于形式。

还要建立与社会的良性互动机制，吸引社会各界力量参与到思政教育中来，通过引入社会的真实案例和最新发展动态，丰富思政课程内容，提高教学的现实关联性和吸引力，帮助学生提升对现实问题的敏感性和分析解决问题的能力。

（二）充分利用新技术，建设现代化多元化立体化的实践教学平台

在信息化时代背景下，构建一个现代化、多元化、立体化的宣传系统对于深化“大思政课”的教育效果尤为重要，这一系统不仅要覆盖校园的各个角落，还要延伸到网络空间，形成线上线下相结合的全方位教育模式。首先，强化校园舆论宣传平台，充分利用新媒体的广泛覆盖和互动性，将学校文化和特色以创新的形式传递给学生，通过社交媒体、校园网站、移动应用等渠道，发布与学生生活紧密相关的内容，提高学生对校园文化的认同感，使他们在轻松愉快的氛围中接受思想政治教育。其次，创新思想政治教育理论宣讲平台，开展“微思政课”等教学活动，结合重大事件和纪念日进行红色文化宣讲，以此激发学生的参与热情和社会责任感。定期邀请专家学者和学院领导开展高层次论坛，为学生提供思想引领和深刻的思想启迪。再次，打造校园文化活动品牌，通过学生社团和学生会组织，策划和实施一系列有影响力的文化活动，如文化节、科技竞赛、创意工作坊等，增强校园文化的吸引力和感染力，这些活动应该与思政教育紧密结合，使学生在参与中自然接受思想政治教育的熏陶。最后，建立网络教育宣传云平台，利用云计算和大数据技术，建立一个集教学、交流、资源共享于一体的网络教育平台，鼓励师生创作和分享与思政教育相关的多媒体作品，如短视频、微电影、音乐等，实现师生间的实时互动和资源共享。

（三）推进育人空间融合与无缝衔接，构建家校社横向协同的育人体系

建设“大思政课”新格局关键在于构建家、校、社三方协同的教育体系，这一教育体系中，学校虽承担着思想政治教育的关键任务，但家庭与社会的教育同样对学生的成长起到了不可忽视的作用。要实现学校教育与

家庭及社会教育的无缝对接，防止学生的成长环境受到父母经验或社会规范的负面影响，从而影响学校教育的成效。为此，建立一个横向协同的教育体系，促进家庭、学校和社会三方的通力合作，共同营造一个积极的思想政治教育环境，显得尤为重要。同时，须意识到人类认知的深度和复杂性，通过不断的实践探索和理论指导，深化对客观世界的理解。在“大思政课”的建设中，要紧跟时代的步伐，不断探索新的教育方法，实现认知的深化和发展，思政课程内容广泛，应深入挖掘中国历史中的真实故事和英雄人物，将其作为生动的教学资源，培养学生正确的世界观和价值观。“全员育人、全过程育人、全方位育人”的理念不应仅仅停留在理论层面，而应转化为社会实践，通过构建一个家校社共同育人平台，促进全国范围内的合作和资源共享，利用大数据技术，可以提炼出思政课的教学规律，挖掘典型的教学素材，从而为“大思政课”的发展提供坚实的支持体系。

综上，要实现“大思政课”新格局的建设，须采取多维度、跨学科的系统化策略，从上述方面着手，协同推进，构建起全方位大课堂、全员育人大师资、全过程育人的育人大平台，为“大思政课”的高质量发展打下坚实的基础。

第五章 “大思政课”与大学生中华民族共同体意识建设

第一节 大学生中华民族共同体意识建设的基本理论

中国作为一个多民族统一的国家，其基本国情体现在各民族之间的多元一体结构上。这一结构的形成，是在历史发展过程中各个民族交流、融合与协作形成的结果，促成了各民族间紧密的命运共同体关系。在高等教育的思政课程中，增强学生的中华民族共同体意识，对于他们树立正确的民族观、历史观和国家观至关重要，这对其个人成长与发展的意义深远，同时也是推动实现中华民族伟大复兴中国梦的必然条件。新时代背景下，“大思政课”为大学生提供了一个全面、深入理解和认识中华民族共同体意识的渠道，通过这一课程，可以加强大学生对民族团结重要性的认识，促进不同民族学生的相互理解和尊重，共同维护国家统一和民族团结。同时，这也有助于完成立德树人的教育任务，培养具有社会责任感、历史使命感的新时代青年，为国家的繁荣稳定和长远发展贡献力量。

一、核心概念界定

（一）“大思政”与“大思政课”

1.“大思政”的核心概念

在2016年的全国高校思想政治教育工作会议上，我国对于高校思想政治教育未来的路径和重点给予了明确指引，着重突出了立德树人这一核心目标的关键地位。该会议明确指出，思想政治教育应全面融入整个教育体系，以实现全方位的人才培养，共同促进我国高等教育事业的创新发展。会议要求高等学府须紧跟时代步伐，立足于新的历史起点和全球视角，持续深化思想政治教育改革与发展，确保教育过程中全员参与、全方位覆盖、全过程渗透，以此开启高等教育事业的新篇章。

“大思政”理念的引入是对高校的思想政治教育工作的深入变革，旨在让思想政治教育紧跟时代步伐，满足社会发展的新需求。核心思想是遵循思想政治教育的基本规律，重视教与学的过程，关注学生的成长发展，整合教育资源，激发教育力量，建立一套长效的育人机制。通过这一机制，旨在提高学生的道德品质，确保培养目标的实现。“大思政”育人体系的构建，彰显了以学生为中心的教育理念，强调在教育过程中注重学生的个性化发展与全面成长。这一体系的建设是一项复杂的工程，涉及教育理念、教育主体、教育内容等多方面的综合考虑与实施。为此，高校的领导层需进行战略性的规划与指导，明确教育的目标与方向，增强师生的共同认识，整合各种教育资源，以实现教育的协同作用与优化，确保各教育部门及其主体均能最大化发挥效能，协同推动教育体系的全面进步与发展。

高校“大思政”育人格局的内涵着重于在思想政治教育过程中实现全方位的整合与协作，这要求高校在思想政治教育工作中，坚持统一领导，确保教育方向的一致性；专业化运行，提升教育的专业性和系统性；以人为本，关注学生个体发展；构建协同育人的体制机制，促进不同领域、部门之间的资源共享和优势互补。“大思政”要求在专业课程中有机融入思想政治教育内容，实现课程思政与思政课程的深度协同，拓宽教育的覆盖面，提升教育的连续性和系统整合度。

2.“大思政课”的核心概念

思想政治教育的核心课程对于践行立德树人这一根本任务至关重要，对大中小学校开展分阶段、逐层深化的思想政治课程教学极为必要，也是培养未来社会主义建设者和接班人的稳固基石。

“大思政课”的建设核心在于深化和创新传统思政课，它既是一种空间的拓展，也是对内容深度和广度的延伸，这决定了思想政治理论课需要具备此类课程的基本属性、标准和目的，其发展遵循思想政治理论课建设的一般准则。“大思政课”的核心在于激发学生奋发向上的动力，通过探索中国共产党百年奋斗的历史和弘扬党的精神遗产，以增强学生的爱国情怀，强化他们为中华民族伟大复兴而奋斗的责任感。同时，“大思政课”也是一门实践课程，强调思想政治教育应当走出教室，融入社会实践活动，引导学生参与到国家社会主义建设的实践中去，以此加深他们对中国特色社会主义实践的理解与体验。此外，“大思政课”还是一门理论武装头脑课程，强调理论只有被群众掌握，才能转化为实际力量。探讨马克思主义中国化的最新进展能清晰地指引学生认识到其应负的责任与使命，确保其个人抱负与时代使命紧密相连，从而将坚定不移的信念付诸实践行动。“大思政课”的目标在于将辉煌的历史成就、鲜活的实践经验与鲜明的理论指导相融合，全面塑造学生的道德品质并实现教育目标。

构建“大思政课”是一项规模宏大且系统性的任务，它需要社会各界的共同努力和协作，包括学校、家庭、社会等多方的参与和支持，这不仅仅是学校或思政课教师的责任，更是全社会共同的使命。在这个过程中，高校作为“大思政课”建设的重要阵地，需要在教育主体、教育场域、教育机制上进行深入的探索和创新，要不断优化和完善教育主体的构成，加强教师团队的建设，提升教师的思想政治素质和专业能力。同时，要拓展教育场域，将思政教育融入校园文化、社会实践和网络空间等各个方面，形成全方位、多层次的教育格局。

3. “大思政”与“大思政课”的辨析

“大思政”与“大思政课”二者均致力于促进新时代的思想政治教育进步，以培养具备高尚品德与全面发展的人才为教育目标，在内涵方面以及针对当前思想政治教育中存在问题的应对措施上，两者各自有所侧重。

（1）“大思政”与“大思政课”的内涵不同。构建“大思政”教育框架是高校思想政治理论教学创新的重要举措，这标志着一种超越传统思想政治教育的新模式。对于高校而言，这一理念的重点在于整合社会与学校的全部资源与力量，以立德树人为根本目标。构建这样的教育体系是一项综合性工程，涉及教育理念、组织结构、运作机制等多方面，需要提升高校全面性与系统性的策略，强化顶层设计，整合并优化各类资源，构建高效协作机制，激发整体发展的强劲动力。其设立旨在探索思政课程发展的新路径，特别是在当今国内外环境发生显著变化的时代背景下，对高校的思想政治课程提出了更高的标准。“大思政课”基于对国际国内两大战略布局的深刻认识，对思政课程设定提出具体的要求，它的提出不仅顺应了社会发展的潮流，也为思想政治课程的改革与创新提供了深远的指导意义。其本质在于确保立德树人的根本任务渗透至教育的方方面面，汇聚多元力量，强化思想政治理论课程的实际效能。“大思政课”是一个教育概念，更是一个重要的教学策略。若从宏观角度看，“大思政”与“大思政课”共同体现了我国对于当代思想政治教育领域的新愿景，其核心聚焦于实现立德树人任务，但它们在侧重点上有所不同：“大思政”更倾向于制定当前思想政治教育的标准框架，而“大思政课”则专注于当前的思想政治教育理论课程，提供增强其实践效果的指导方法论。

（2）“大思政”与“大思政课”解决的问题不同。提出“大思政”概念的目的在于应对当前思想政治教育面临的挑战，旨在构建全面的思政教育体系与系统化的教育机制，以促进教育的整体性和连贯性，进而提升教育的实际效果。目前，思想政治课程正处在注重质量与内涵发展的新阶段，“大思政课”的理念旨在促进思想政治教育的高水平进步。尽管我国在思想政治教育领域已取得一定的进展，但在重视度、资源调配、教师队伍的数量及质量上仍有待优化和提升。“大思政课”理念的提出，旨在针对性地探索并实施策略，以有效解决这一系列的挑战，其实施应坚守思想政治课程的特性，围绕课程内容进行创新与改革，从传统的模式向“大思政课”转变，展现出对办好思想政治课程的新认知。为实现这一转变，需要从“大理念”“大视野”和“大格局”三个维度出发，建设与发展“大思政课”。应充分利用社会各界的力量与资源，构建多元化的学习环境，搭建开放共享的平台，组建高水平的师资队伍，精心筹备思政课，全面开展思想政治理论教学活动，以最终达成思想政治教育的核心目标：立德树人。

（二）中华民族共同体意识

1. 中华民族共同体的核心概念

中华民族共同体，这一概念综合了中华民族与共同体两个要素，反映了中国独特的历史文化背景及其多元民族构成。民族作为人类社会发展到特定历史阶段的产物，代表着群体间的共同特征、语言、文化和习俗。在中国历史上，中华民族这一概念的形成与发展并非自始至终清晰明确，而是在漫长的历史进程中逐步凝聚与深化。在古代，中国人民对“民族”这一概念的理解尚不成熟，其发展更多是基于自然演化的过程，并未形成对“中华民族”作为一个实体的明确认知。然而，随着近现代历史的演变，尤其在面临外敌入侵的时刻，中国人民的民族意识逐渐苏醒。这种民族意识的演变从个体自发到自觉的过程，引导着中国人民建立起对现代民族国家身份的认同。“中华民族”这一概念的首次出现可追溯至1902年梁启超的著作《论中国学术思想变迁之大势》。书中提道：上古时代，我中华民族之有四海思想者厥惟齐，故于其间产生两种观念焉，一曰国家观，二曰世界观。此表述体现了当时中国社会中现代民族国家意识的初露端倪。在的《中国革命和中国共产党》一书中，对于“中华民族”的理解得以深化，书中指出：中国是一个由多民族结合而成的拥有广大人口的国家，阐明了中国是一个多民族的国家，中华民族由中国各民族组成。费孝通认为，“中华民族”这一概念自原始社会的自发形态，逐步演变为个体对群体身份的自觉认知，这一转变是在抵抗外来威胁的过程中，通过自我强化与整合实现的。值得注意的是，“中华民族”这一概念并非固定不变，而是随着历史进程不断丰富和发展，呈现出动态性特征。

“中华民族共同体”这一概念，是对“中华民族”概念的深化与拓展，它强调基于地域与血缘纽带的天然联系，突出亲密关系、共同精神认知的重要性，以及由此引发的归属与认同情感。在中国广袤的土地上，56个民族秉承着“天地之常经，古今之通义”的准则，不遗余力地追求团结与协作，共同塑造中华文明的辉煌，推动了社会进步与历史前行。自近代以来，尤其自1840年国门被强行打开之时，面对前所未有的挑战，各民族自发聚合起来，形成了抵御外侮的强大联合。在这一历程中，各族人民围绕共同目标，构建了密不可分的命运共同体。中华民族并不仅仅是一个单一的民族群体，而是历经长期交流与交融，基于共同追求和价值观，形成的一个多元而统一的民族集合体。在突出整体性和共性的基础上，也高度重视各个民族的独特性和多样性，各民族在保留自身文化特色的同时，相互尊重、相互学习、相互融合，共同努力实现中华民族的伟大复兴梦想。这一共同体源于中国作为统一多民族国家之长久演进，在共同性原则的引导下，成员间紧密相连、命运交织，共同构建了一个相互依存的整体。

2. 中华民族共同体意识的核心概念

“观念的东西不外是移入人的头脑并在人的头脑中改造过的物质的东西而已。”意识的发展与物质生活的条件紧密相关，随这些条件的变化而逐渐显现，它对社会进步具有积极的推动作用，各种思想和意识并非无缘无故地出现，它们是在现实社会发展的基础上，通过人们的思维活动和加工塑造出来的。中华民族共同体意识的形成与发展，源自中华各民族千年的交流与融合，这一过程塑造了各民族共同的民族认同心理，这种意识不仅仅是一种民族认同感，更是一种文化认同和价值追求，它体现了中国各民族在长期的历史进程中，共同经历风雨、共同创造文明、共同维护国家尊严、利益的深厚情感和坚定意志。自近代以来，中华民族共同体意识的觉醒和强化，与国家的独立、民族的解放、人民的幸福紧密相连，特别是在面对外来侵略和民族危机时，这种意识成为激发全民族抗争精神的强大动力。《义勇军进行曲》的诞生，正是在这种背景下，以其激昂的旋律和振奋人心的歌词，增强了中华儿女的中华民族共同体意识，激励着一代又一代中华儿女为国家独立和民族解放而奋斗。一直到中华人民共和国成立，宪法规定“中国各民族一律平等”，进一步巩固了“中华民族共同体意识”。2018 年 3 月，首次将“中华民族”写入宪法。这一概念逐渐深入人心。

提出此概念对于推进国家的统一与民族的团结具有深远的价值。中华民族共同体意识，植根于千百年来各民族间的交往与融合，体现为对作为整体的集体认同，涉及民族、政治、经济、文化等多个层面的复杂认同。随着经济社会的不断发展与各民族之间交流与融合的不断加深，这一意识的核心已集中表现为“五个认同”，即对伟大祖国、中华民族、中华文化、中国共产党、中国特色社会主义的认同。

二、理论基础

（一）马克思主义经典作家民族理论

马克思与恩格斯共同构建了马克思主义民族理论的核心框架。在 19 世纪初期，他们不仅创立了马克思主义思想体系，而且基于科学方法发展出了系统的民族理论。1843 年，马克思在《论犹太人问题》中提出，政治解放并不是真正的解放，是从一种普遍内容的假想中得到解放；政治解放都是使人的世界和人的关系归于人自身，要依靠人自身的力量，依靠全人类最后的解放，才能解决民族问题。这一见解首次揭示了民族议题与社会变迁的内在联系，将其融入了无产阶级革命运动的核心。紧接着，在 1844 年的《神圣家族，或者对批判的批判所做的批判》中，对黑格尔派的主观唯心主义进行了批判，并首次提出了民族平等的思想。1848 年，《共产党宣言》的发表标志着马克思主义理论体系的形成，进一步确立了解决民族问题的理论基础与实践路径，奠定民族理论的基石。该宣言明确指出，人对人的剥削一消灭，民族对民族的剥削就会随之消失。随后的《德意志意识形态》等著作中，马克思和恩格斯进一步深入探讨了国家与民族问题。他们的研究为马克思主义理论体系提供了坚实的理论根基。

列宁与斯大林在马克思主义的民族理论领域中承继与深化了其思想。作为马克思主义的忠诚捍卫者，他们秉承了马克思和恩格斯对于民族问题的深刻见解，而且基于俄罗斯特有的社会背景，对其理论进行了富有创新性的扩展和深化。通过在理论研究与实践操作两个层面的探索，为马克思的民族理论注入了新意，显著推动了这一理论的演进。

列宁处于帝国主义与无产阶级革命的历史时期，其民族理论包含以下几个方面：关于民族及其所涉问题的基础理解；对殖民地民族争取解放运动的理论阐释；无产阶级政党的民族政策指南及纲领性论述；社会主义国家处理民族问题的根本原则。列宁在民族理论的研究中，特别关注资本主义民族问题的形成与发展，他认为民族并非基于血缘或氏族的联系，而是资本主义社会特有的社会经济结构和文化认同的产物。这一观点在马克思关于民族理论基础上进行了创新性的拓展，体现了对原有理论的深化与实践应用。马克思在 19 世纪的欧洲和全球民族主义运动背景下，围绕殖民地议题构建理论体系，聚焦于无产阶级抗争与民族独立的核心议题，产生了其关于殖民地问题的理论。列宁基于此理论框架深化了马克思的理论观点，强调在殖民地与半殖民地国家，“革命第一步应该是推翻外国资本主义”。面对民族解放与社会主义革命间的冲突，列宁主张，民族解放运动应当服务于全球社会主义运动的战略大局。关于无产阶级政党制定民族纲领的理论，以及社会主义国家解决民族问题的指导思想，列宁基于帝国主义时代的特性和无产阶级的历史使命，继承并丰富了原有的民族理论。

斯大林在撰写的相关著作中，对其在民族领域的贡献进行了深入阐述，这些著作为马克思主义理论体系增添了重要篇章，同时提供了独到见解来应对俄国面临的民族问题。20 世纪，马克思列宁主义的影响逐渐扩展至中国，马克思主义的民族理论亦在此背景下在中国得到了深化和创新。

（二）费孝通中华民族多元一体理论

1988年，香港中文大学，学者费孝通主讲了名为《中华民族多元一体的格局》的专题讲座，在这场演讲里，他深刻剖析了中华民族各个族群相互融合、形成统一整体的历史演进路径，此举对于指导中华民族事务实践产生了积极影响。尤为值得注意的是，费孝通在本次讲话中首度提出了“中华民族多元一体格局”这一理论命题。

费孝通认为，中华民族作为具有自我意识的民族实体，在近代的抵抗与斗争中逐渐明确其身份，而从自然层面看，这一民族实体的形成历经数千年的历史积淀与演变。中华民族呈现出的多元一体结构是由众多不同的民族单元，在漫长的历史进程中通过接触、融合、分化等活动相互作用和交织而成，形成了一个既保持各自独特性又实现相互融合的多元统一体。这一理论成为深入理解与认知中华民族的关键工具。其中，“多元”强调的是各民族之间的差异性，即每个民族都有其独特的起源和文化特征；而“一体”则表明，尽管存在差异，但每个民族都是中华民族不可分割的一部分。费孝通提出的中华民族多元一体格局特征涉及以下方面：核心凝聚与人口分布。在此格局下，存在一个核心吸引力，汉族作为人口主体，在其历史进程的推动下，逐步深入到少数民族地区。通过形成点状与线状相结合的网络结构，构建了多元一体的基础框架，呈现出东密西疏的空间分布特点；我国广大地域内，少数民族聚居区占据近半国土面积。各民族居住情况展现出独特的混合与聚集并存的态势。汉族深入少数民族地区，通过发挥核心凝聚力的作用，促进了民族间的团结协作，共同构筑了一体化发展的局面；绝大多数少数民族都有自己的语言，体现了多元文化的特征；社会和经济需求是推动民族融合的主要原因，促进了不同民族间的交流与整合；作为成员众多的整体，中华民族体现出了丰富的结构特征，各组成部分间展现出明显的规模差异；各民族间的独特性共同塑造了层次多样化的多元一体格局。费孝通提出的中华民族多元一体理论，基于对我国民族状况的整体审视，深究了作为整体的中华民族这一整体与各民族之间密不可分的关系。

（三）中国共产党的民族政策

20世纪初，马克思列宁主义思想及民族理论开始深入中国，其大规模传播多始于俄国十月革命之后，特别是中国共产党成立后。自中国共产党诞生起，即以马克思主义民族理论作为处理民族问题的指导原则，并在此基础上承袭和发展了这一理论的精髓，还进行了创新性的拓展，将之发展成为融合中国特色的马克思主义民族理论。这一理论的形成深化了马克思主义民族理论的内涵，也为解决中国的民族问题提供了坚实的基础。

新民主主义革命时期党的民族观点和民族政策。近代中国各民族人民都处于悲惨的境地，中国共产党自成立之日起始终将民族问题置于重要位置，重视各民族的权利，例如，1945年，允许少数民族拥有民族自治的权利。到1949年，《中国人民政治协商会议共同纲领》进一步明确了在国家统一的基础上，实行民族区域自治的制度，这一制度的确立，为我国民族问题的解决提供了坚实的政治基础。同时，中国共产党深知培养少数民族干部的重要性，坚信要实现各民族人民的当家做主，就须激发他们参与革命的热情，因此，要培养少数民族人才。

中华人民共和国成立后，党和国家特别关注少数民族地区的发展。在《中国人民政治协商会议共同纲领》中，明确提出了系统的民族政策，并将其作为重要章节之一。随着民族工作的不断深入与实践，党和国家对于该纲领中的某些未尽事宜进行了补充与完善，形成了以下新中国成立后的民族政策体系：因地制宜地对少数民族地区进行社会改革，对少数民族的社会制度和生产关系进行分步骤的改造；加强民族团结，促进各民族共同繁荣发展；实行民族区域自治制度；培养少数民族干部。使其成为党联系各族人民的中介。

改革开放以来，党的民族观点与民族政策得到逐步恢复、深化。1978年12月，党的民族政策及民族工作逐步恢复，1979年召开的全国边防工作会议及少数民族工作座谈会，确立了民族工作的指导原则与政策。《中华人民共和国民族区域自治法》的出台标志着民族区域自治制度作为国家政治体系的关键部分得到确认和保护。其间，中国共产党在多个会议上及报告中强调少数民族地区经济发展的重要性。发展经济被视为解决民族问题的核心策略，1999年，“西部大开发战略”与“兴边富民行动”的实施，对少数民族地区在政治、经济、文化等领域的进步产生了深远的影响。新时期以来，党和国家对民族政策进行了持续的改进与优化，2001年的《中华人民共和国民族区域自治法》修订，不仅为促进少数民族地区经济文化的全面发展提供了有力的政策保障，还在法治框架内为民族区域自治制度赋予了更明确的法律地位。

自十八大以来，党中央基于对中国国情以及当前民族问题特性的深刻理解，对民族工作进行了战略性的规划与调整。在2014年第四次中央民族工作会议中，“中华民族共同体意识”的概念被首次提出，并确立了中国共产党在此阶段及其以后民族工作的发展方向。同年12月，中共中央与国务院共同发布了《关于加强和改进新形势下民族工作的意见》为新时期民族工作提供了具体指南。十九大报告中明确指出了新时代党的民族工作关键所在。在二十大报告里则明确提出以铸牢中华民族共同体意识为主线，持续完善并执行民族区域自治制度，坚定走中国特色解决民族问题之路。这些举措共同为我国民族工作的基本原则设定了框架，并为未来的新时代民族工作提供了清晰指引。

三、“大思政课”在高校大学生铸牢中华民族共同体意识中的定位

（一）“大思政课”是高校大学生铸牢中华民族共同体意识的重要理念

教学理念指的是教育工作者在实际教学过程中所秉持的基本信念与遵循的原则，这些理念指引着教学活动的进行。特别是在思想政治理论课的教学领域中，一系列核心教育理念共同塑造了其教学观念，这些观念包括“三全育人”“大中小学思政课一体化”以及课程思政与思政课程的协同育

人等，这些理念强调在教学过程中实现知识传授与价值引领的统一，培养学生的综合素质。“大思政课”教学理念为新时代的思政课教学提出了新要求，它倡导在实现立德树人的基础上，将思政课贯穿于整个教学过程，构建起涵盖“思政小课堂”与“社会大课堂”的综合体系。这一理念的提出，不仅促进了思政教育的创新与进步，也塑造了学生的中华民族共同体意识。为了在实践“大思政课”的理念中达成此目标，高校需在思政课程及专业课程中巧妙地嵌入教育元素，实现全方位育人，促进理论知识与实际应用的结合，推动校园内部教育与社会教育的互动与整合。同时，采用多样化的教学手段，整合第一课堂、第二课堂和第三课堂的资源，全方位地培养学生的中华民族共同体意识。“大思政课”的教学理念对于提升教学的实际效果、在高校学生中培育和强化中华民族共同体意识具有重要价值与意义。

（二）“大思政课”是高校大学生铸牢中华民族共同体意识的重要方法

方法指的是为了达到既定目标而实施的行动策略、流程与工具的组合。在教育领域，特别是在思想政治教育中，恰当的方法对于教学活动的成功至关重要。思想政治教育方法专指在该领域内运用的特定途径与手段，旨在实现教育的目标。“八个统一”为构建“大思政课”体系提供了理论与实践的指导原则，在培育人才的过程中，“大思政课”特别注重教育方法的创新，这包括将理论教学与实践教学相结合、平衡教学内容与教学技术，以及整合教学表达与教学研究。通过这些方法，教育者能够更有效地引导学生理解与应用知识。从“大思政课”的视角来看，高等学府在强化学生对中华民族共同体意识的认识时，其核心目标是解决学生的价值观念问题，并帮助他们树立正确的民族意识。在这一过程中，学校应秉持“大思政课”对思想政治课程教学策略的指导原则，坚定不移地实施“大思政课”的教学方式，深入推动中华民族共同体意识的培养，进而加深学生对国家、民族、文化、社会以及人民的深刻理解与认同，将这种认知内化为自觉行动。为此，“大思政课”为大学生铸牢中华民族共同体意识提供了全面性的指引体系，同时为教育工作者指明了具体的实践方向，以确保教育成果的有效实现。

（三）“大思政课”是高校大学生铸牢中华民族共同体意识的重要载体

思想政治教育的实施依赖于特定的教育载体，这些载体是教育者在教学活动中选用的形式，用以与受教育者进行有效互动，实现知识传递和价值引导。随着新时代的来临，思想政治教育的内容变得越来越丰富，对质量和成果要求也逐渐提升，教育形式并非固定不变，而是随着社会进步持续发展和丰富。在当前信息高度发达与互联网广泛应用的社会中，教育形式呈现出多样化的趋势，信息传播速度明显加快。因此，思想政治教育形式须紧跟社会发展的步伐，顺应教育内部变革的趋势，以更好地满足学习者的需求。“大思政课”鼓励教师在授课时根据学习者的需求，灵活运用各种教育手段，优化教育的实际效果，为高校培养具有中华民族共同体意识的学生提供新视角。教师应根据学生的不同特点，选择适合的教育载体，实施有针对性的教育活动，以增强学生对中华民族共同体意识的认识。深入了解学生对教学内容的真正需求，并基于此选择合适的教育载体，制定差异化的教学策略，是提升教学质量的关键。作为重要教育工具，“大思政课”在培养大学生的中华民族共同体意识方面发挥着关键作用。

第二节　中华民族共同体意识建设中“大思政课”的主要内容

高校思想政治课程在培育大学生的中华民族共同体意识中扮演关键角色，“大思政课”不应局限于思想政治理论的传授，更应着重于全方位促进学生成长，致力于实现立德树人的根本目标。在当前“大思政课”理念的推动下，深化对培养大学生中华民族共同体意识教育的核心议题探讨显得尤为重要。“大思政课”的发展蕴含内在的历史逻辑、实践逻辑和理论逻辑，这意味着教育工作者需从这三个角度出发，全面发掘并利用“大思政课”的丰富资源。通过这一途径，将“大思政课”塑造成一门包罗党的历史，紧贴中国特色社会主义伟大实践的实战演练课堂，以及以最新马克思主义中国化理论成果为核心的知识大课。

一、以党史为主要内容的历史大课

历史不仅是知识的源泉，更是激发深思、辨析对错的清醒之源。在高校的思想政治教育中，党史教育占据着举足轻重的地位，它是培养学生中华民族共同体意识的重要内容。通过深入学习党史，大学生能够坚定自己的理想信念，并在起心中播下民族团结的种子。将党史教育融入课程体系，使之成为教育内容的一部分，对于大学生来说，这是一种通过理解历史选择与民众意愿相结合的过程，这一过程有助于增进学生对党的领导的信任感，进而加强大学生对于国家、民族、文化、社会制度以及中国特色社会主义道路的认同。

（一）以培育对伟大祖国的认同为目的讲好新中国史

祖国是一个深植于人心的概念，它代表着个人出生和成长的国家，是祖先们开拓和耕耘的土地，是人们深感自豪并愿意为之奋斗的地方，这片土地孕育了丰富的历史、文化和地理特色，是每个人身份认同和情感归属的核心。在培养深厚爱国情感的进程中，铸牢中华民族共同体意识成为搭建学生理想大厦和培养国家情怀的基石。深入理解并认同祖国，使学生能更深刻地领悟到中华人民共和国成立的意义，即实现了国家整体利益与各民族利益的有机融合。在此背景下，高校在培育学生的中华民族共同体意识方面承担着重要职责，通过教育，大学生可以更全面地认识到祖国的伟大，从而在心中树立起对国家的深厚情感和坚定信念。

自 1949 年中华人民共和国宣告成立之日起，党便引领着全国各族人民不懈奋斗，始终以提升人民福祉和实现民族复兴为己任。这一使命贯穿了国家发展的每一个阶段，从民族的觉醒、繁荣到强盛，一直在探索适合自己特色的发展道路。坚持走中国特色社会主义道路，实现中华民族伟大复兴的中国梦构成了新中国的核心议题。新中国的历程是中华民族发展不可或缺的篇章，它见证了中国共产党领导下的民族革命斗争，为国家复兴奠定基础。自中华人民共和国成立以来，中国共产党引领全国人民在社会主义建设的征程中不断探索与前行，数年间，中国人民的生活面貌发生了根本性的转变。新中国史教育对学生来说至关重要，高校不仅应该传授知识，更应该培养学生深厚的爱国主义情怀，激发他们积极参与国家发展的热情。

在高校教育中，培养学生对伟大祖国的深刻认同尤为重要，深入解析中国近现代史，能向学生展示新中国自成立以来，面对挑战与困难而达成的成就，使学生领悟到中华各民族合力构筑了国家基石，每一个人都是国家整体不可或缺的一员，共同塑造命运相连的关系。中国近现代史教育，不仅在于重温过往，其深层目的旨在提升学生的爱国热情与民族自尊心。从“大思政课”的视角出发，对高校生开展中华民族共同体意识的培育十分重要，此举有助于学生在思想政治教育中获取前行的动力，坚定他们为国家发展贡献才智、为人民服务的意志，并培养出对中华民族一体性的认同与共同的责任感和荣辱观。

（二）以培育对中华民族的认同为目的讲好中华民族发展史

中华民族是居住在中国境内的所有民族所共同构成的共同概念，每个民族都是这个大家庭中的组成部分，长期的交流、互动与融合，塑造了今天这个多元而统一的民族大家庭。在高校教育中，加强大学生对中华民族的认同感，有助于学生在面对不同利益时，能够自觉地将中华民族的整体利益置于首位，认识到维护中华民族的共同利益是每个成员的责任和义务。通过深化对中华民族概念的理解，建立正确的民族观念。

在塑造大学生对中华民族的认同感和归属感方面，教育起着重要作用。我国各民族在共建统一国家的历史长流中，早已交织成了紧密联系的中华民族共同体。在国家生死存亡的紧要关头，各民族展现了强烈的民族认同感。中国共产党始终以实现中华民族伟大复兴为奋斗目标，引领全体人民进行了艰苦卓绝的斗争，最终建立了中华人民共和国，并为中华民族注入了新的精神内涵，见证了中华民族从站起来、富起来到强起来的历史性飞跃。阐述中华民族的发展史重点在于展现其重大变迁。新时代的伟大变革，在党史、新中国史、改革开放史、社会主义发展史、中华民族发展史上具有里程碑意义。讲述中华民族的发展历程，尤其新时代的变化对强化大学生的中华民族认同感意义重大，它能够使学生们深刻领会，在中国共产党领导下的中华民族所获得的卓著成就，也让他们认识到，中华民族伟大复兴的目标正日益成为不可阻挡的历史趋势，在学生心中树立起对中华民族的坚定信念与强烈的归属感。

在“大思政课”的视域下，高校致力于培养学生的中华民族共同体意识，应秉持大历史观，强化学生对中华民族的整体认同。为此，将中华民族的兴衰历程融入思想政治教育中至关重要，以此加深学生对这段历史的深入理解和认知，明确新时代的历史性变革在中华民族千百年发展史中的重大意义。中华民族的灿烂历史是由各民族共同塑造而成的，中华民族共同体的形成是历史发展的必然。在新时代背景下，一系列辉煌成就的实现，充分体现了各族人民在中华民族大家庭中紧密合作、齐心协力的精神。展望未来，各民族应携手共进，共同致力于国家的繁荣发展。高校要依托“大思政课”格局，增强大学生的中华民族共同体意识，使其深刻理解中华民族的历史发展进程，在党的领导之下，各族人民团结协作，共同实现了划时代的转变。通过深入剖析中华民族发展史，有助于大学生深化对其文化的认知，进而显著提升他们作为中华民族一员的身份认同感。

（三）以培育对中华文化的认同为目的讲好中华文明史

文化是塑造民族精神内核并驱动其生命力的关键要素，而中华文化的深厚底蕴则构成了中华民族文化自信的基石，这源于历代不同民族间的交流、融合、学习与创新，充分展示了中华文化的卓越成就极其丰富多样性。文化认同在维系民族情感、加强民族团结与促进民族和谐方面发挥关键作用，对于塑造中华民族共同体意识至关重要且富有深意。中华文化的吸引力在于其包容性的多元一体性，表现为不同民族文化之间的互鉴与共生发展，体现出文化的全面性、共享性和统一性。在高等教育领域，为了强化学生的文化认同，应首先使学生意识到中华民族文化与地方文化之间相互依存的关系；引导学生正确理解和尊重各民族文化的多样性；增强大学生的文化认同感，帮助他们树立正确的民族观念、历史认识及国家意识，为构建中华民族共同体意识和增进民族团结提供坚实的内驱力。

中华文明凭借其漫长的历史和深厚的文化积淀，承载并维系着中华民族的精神纽带与集体认同。其核心在于多元民族共同塑造的中华民族历史伟绩及现实辉煌，文明的发展历程紧密交织于各民族间的吸引与团结之中。千年的中华文明孕育了多姿多彩的优秀文化，这些文化是五十六个民族在长期交流融合中共同创建的结晶。中华民族共同体意识正是在各民族凝聚向心力的过程中逐步凝聚起来的，中华文化构成了中华文明的重要支柱，亦是培养青年文化自信心的关键。通过讲述中华文明的故事，能够让青年深入理解中华民族能够持续发展的原因在于对自身文化的坚定信念，进而提升大学生的文化自信心与文化认同感，提升他们的文化底气。

在“大思政课”的视阈下，高校教育应强化学生的中华民族共同体意识，而讲述中华文明史则成为这一过程中的重要组成部分，这一历史锻造了中华民族的高尚品德，更是中华民族精神财富的源泉。通过将中华文明史融入思想政治教育，可以促使学生深入理解祖国作为文明古国的深厚根基与璀璨文化成就，认识到中华民族在历史演进中所孕育的文化是多民族共同缔造与贡献的结果。中华文化不单是民族身份的标志，更是支撑实现中国梦的精神动力，增强大学生对中华文化的认同感，使其理解中华文化是多元民族文化交流融合的结晶，有助于他们形成正确的价值观。这种文化认同还能引导学生正确审视外来文化，提高他们的文化自信心，从思想层面抵御消极文化的侵蚀，激励他们在日常学习和生活中积极维护民族团结与国家统一。由此，不仅在思想层面，更在实际行动上使得学生能够铸牢中华民族共同体意识。

（四）以培育对中国共产党的认同为目的讲好中国共产党党史

中国作为多民族国家，其核心特征之一多民族统一，对中国共产党的认同构成中华民族共同体意识的精神支柱。进入新时代，国家在民族事务领域提出了“五个认同”理念，这一概念在原先的“四个认同”基础上进一步强调了对中国共产党领导的认同，明确指出此为构建中华民族共同体意识的核心要素。认同中国共产党领导意味着理解其在实现中国式现代化过程中的核心作用及其作为中国特色社会主义制度本质特征的关键地位。历史的选择和人民的共识，确立了中国共产党在促进民族团结、发展与繁荣中的领导地位，成为社会主义现代化建设的引领者与捍卫者。唯有坚定党的领导，才能有效推动当前的民族工作进程，促进各民族间的和谐共处与共同繁荣，这正是培育大学生树立中华民族共同体意识的关键所在。为了加深大学生对中国共产党的认同感，首先应让他们认识到中国共产党在中华民族共同体意识中占据的核心地位。其次，引导他们将个人的思考和行动与党的路线、方针、政策保持一致。最后，要加强他们的政治认同感，以此为基础，为构筑中华民族共同体意识提供稳固的政治支撑。

在 20 世纪初，中国面临着前所未有的内外挑战，社会问题亟须解决，在这一时期，众多中国的思想先锋们投身于挽救民族危亡的伟大征程。1921 年，中国共产党的诞生，开启了中国历史的新篇章，铸就了一段充满奋斗与成长的光辉历程。历经百年的党史，不仅记录了党与中华民族共同走过的辉煌岁月，更是一份珍贵的精神财富，对高校的思想政治教育具有不可替代的指导作用。高校教育中，将中国共产党的党史作为必修内容，对于培养学生对党的认同感至关重要，通过深入讲述党的历史，能够助力学生全面掌握和继承中华优秀的传统文化，同时为各民族的精神家园不断输送生命力。学习党史，不仅是为了回顾过去百年党领导人民所走过的峥嵘岁月，而且是为了深刻领会并掌握在这段历史进程中形成的伟大建党精神。通过实施党史学习教育，学生能深刻认识到，这百年的党史是智慧的宝库，积累了丰富的国家治理与政策制定的经验，同时也见证了中国共产党在漫长岁月中不断提升其执政能力、明晰未来发展方向的过程，正是这种持续的努力与正确的领导策略，确保了国家与社会事业的持续繁荣、稳定与高效发展。这样的教育方式，无疑能加深青年学子对中国共产党的认同感，激发他们投身于实现中华民族伟大复兴的中国梦之中共同努力奋斗。

在高校的广阔舞台上，“大思政课”扮演着塑造学生思想观念的关键角色。其中，将党史教育融入课程之中，对培育大学生的中华民族共同体意识而言是一项重要任务，其独特价值无可替代。在历史教育中，党的历史不可或缺，它构成了大历史课的核心部分，更是深化学生对党认同感和民族凝聚力的关键路径。通过深入研究党的历史，学生可以深刻理解中国共产党作为领导力量的必然性与民众坚定支持的必然性。百年党史见证了中国共产党自成立至成长的辉煌历程，凸显了中国特色社会主义的显著优势与马克思主义的真理价值。讲述党的历史，即讲述党如何从无到有、从小到大、由弱变强的演变过程，讲述党百年间所取得的辉煌成就，并揭示中国人民选择马克思主义、选择中国共产党、坚持社会主义道路的历史必然。这不仅是过往的总结，而且启发着未来，旨在增强大学生对党的信念和信心，培育他们对国家、社会及民族的深厚情感，增进他们对于中华民族共同体意识的理解，激发每位学生勇于承担实现中华民族伟大复兴中国梦的历史重任，不断深化教育引导旨在增强他们的使命感和认同感。

（五）以培育对中国特色社会主义的认同为目的讲好社会主义发展史和改革开放史

自新中国成立以来，各族人民在党的领导下共同探索并实践社会主义发展之路，历史和实践充分证明，中国在党的指引下所走的社会主义道路取得了显著成就，且这一路径的选择是正确的。在国家宏伟蓝图的擘画下，强化民族团结与推动各个领域的繁荣进步，皆须坚定不移地坚持和完善中国特色社会主义制度，这一认识已成为共识。于高等教育层面，提升大学生对中国特色社会主义的认知意义重大，应启发他们深刻领会，这条发展道路是历史发展的必然抉择，实现中华民族伟大复兴的中国梦需要沿着这一路径坚定不移地前行。同时，应让学生明白，“坚持党的全面领导”是推进中国特色社会主义进程不可或缺的核心环节，而中国特色社会主义是实现中华民族伟大复兴的必由之路。高校教育的目标之一就是要培养学生对中国特色社会主义的认同感，还应指导他们准确把握自身所处的时代背景和国际国内环境，坚定理想信念，并将之转化为牢固树立中华民族共同体意识的精神支撑。

社会主义的发展历程充满了挑战与探索，其间积累的宝贵经验和汲取的深刻教训为我们留下宝贵财富。社会主义探索的基础在前人努力下已稳固奠定，为了推进社会主义的发展，需紧密联系国情，探寻适合中国特性的前进路径。中国特色社会主义的发展应嵌入全球社会主义运动的宏大视角中，以此促进国家的持续繁荣与社会进步。改革开放被视为中国共产党的一次历史性觉醒，也是中华民族发展的重要节点，显著加速了国家与社会的整体跃迁。自从改革开放的序幕拉开，中华民族便实现了从站起来、富起来到强起来的质变飞跃。这一伟大历程的辉煌成就，并非偶然得来，也非他方馈赠，而是全党和全国各族人民共同奋斗、智慧与汗水凝聚的结果。通过回顾这段历史，学生能深切感知，我们秉持的理论与抉择的道路确实指引着正确的方向。改革开放是根植于对国家与民族未来的深远考量与社会主义建设路径的深刻反思与总结，是通向繁荣与发展的必由之路。讲述社会主义发展与改革开放的历史，旨在阐明唯有社会主义能拯救中国，只有中国特色社会主义才能发展中国。

在高等教育领域内，“大思政课”是塑造大学生民族认同感、加深对中国特色社会主义理解的重要阵地。讲述社会主义发展史与改革开放史是其重要内容。通过讲解社会主义发展史，旨在培养大学生对中国特色社会主义核心价值观的认同感；通过讲述改革开放的历史，学子能够深入理解中国如何紧随时代变迁，引领社会发展，展现出辉煌的进程。首先，须明晰马克思主义为何有效、中国共产党为何强大、中国特色社会主义为何优越，从而建立起稳固的路径信念。其次，深入剖析十八大后的历史性变革，旨在引导学生全面理解习近平新时代中国特色社会主义思想理论体系，特别是在解答“坚持和发展什么样的中国特色社会主义，怎样坚持和发展中国特色社会主义”这一问题上，旨在深化学生的认知认同与情感纽带。强化学生对各民族团结共进、共同富强的认同，让他们深刻理解解决民族问题的核心路径在于践行中国特色社会主义道路。社会主义的根本属性与党的历史担当紧密交织，这一核心导向直指民族共同发展的愿景，强调了各族人民的协作。激发学生的使命感，鼓励他们全情投入中华民族复兴的伟大征程，以实际行动响应国家的号召。

二、以中国特色社会主义伟大实践为主要内容讲好实践大课

在中国共产党的带领下，中国特色社会主义事业不断进步，这得益于全党全国人民的共同努力，也为新时期高校实施“大思政课”教育奠定基础。透过“大思政课”的视角，高校培育学生的中华民族共同体意识，应充分利用中国特色社会主义伟大实践的教育资源，让学生深刻把握其内涵与实践的合理性，重点培养学生对五个方面的认同感，并指导他们认识到实现中华民族伟大复兴的中国梦需要全社会各族人民的团结与持续奋斗。

（一）以培育民族团结意识为目的讲好抗击疫情实践大课

自新冠疫情暴发以来，在中国共产党的坚强领导下，全国上下展现了各民族的团结与决心，共同抗击疫情，面对这场突如其来的公共卫生危机，党中央迅速动员全国力量，形成了从中央到地方、从政府到民间的全方位抗疫体系，党中央的统筹协调，确保了资源的有效分配和抗疫措施的迅速实施，展现了全国上下一盘棋的团结力量。疫情初期，各省市积极响应中央号召，迅速展开对口支援，特别是对疫情最严重的武汉地区，这一行动不仅体现了中华民族的团结互助精神，也彰显了民族凝聚的强大力量，在这场全民参与的抗疫斗争中，形成了以生命至上、全国一心、无私奉献、尊重科学、命运共同体为核心的伟大抗疫精神。通过讲述抗击疫情的生动实践，可以深入教导大学生理解中华民族共同体意识的价值。以抗疫过程

中涌现出的杰出人物和感人故事为实例，展现中国人民在面对巨大考验时的爱国情操与责任担当，运用模范示范法使学生体验到同舟共济的真谛，激发出民族团结的精神动力。作为多民族国家，中国的民族团结是社会安定与国家繁荣的基础。民族团结作为马克思主义民族理论的基本原则，亦是中共处理民族事务的基本立场和基本政策，其对民族工作进展的影响深远，故培育大学生的民族团结理念至关重要。这旨在深化学生对于民族间平等、团结、互助、和谐关系的认知，并加强“三个离不开”共识的理解，教导大学生在推进社会主义现代化国家建设的进程中，树立全体成员不可或缺的意识，激励56个民族携手共进，为实现中华民族伟大复兴的中国梦共同努力。

伟大的时代孕育伟大的精神，讲述中国在抗疫斗争中的故事不仅明确体现了高校“大思政课”建设的核心，也是其不可或缺的一部分。深入探索并利用疫情防控过程中的思想政治教育素材，讲述中华民族在面对危机时相互扶持、众志成城、不屈不挠的故事，有助于深入理解中国人民的团结精神。抗疫的伟大实践为高校学生提供了生动的教材和丰富的情感体验，讲述各族人民在关键时刻共同守护中华民族大家庭的感人故事，能够培养学生的民族团结观念，将民族团结的理念深深植根于学生心中，促进中华民族共同体意识在大学生群体中得到认同。

（二）以培育中华民族命运共同体意识为目的讲好脱贫攻坚的实践大课

随着新时代的到来，我国已全面完成了脱贫攻坚任务，同步实现了全面建成小康社会的目标，这是对中国及人民事业的深远贡献和历史性的胜利。这一系列重大成就，彰显了全体中国人的辛勤耕耘与坚韧不拔的精神，也标志着我国成功克服了千年的贫困挑战，实现了中华民族长久以来追求的小康社会梦想。脱贫攻坚的辉煌成就，离不开党的领导与中华民族自强不息、坚韧不拔的精神特质，自党的十八大以来，党始终引领着全国人民在脱贫攻坚的征途上披荆斩棘，确保了扶贫工作的精准性和实效性，历史性地消除了绝对贫困现象，为全球减贫事业提供了宝贵的中国智慧与方案。

在脱贫攻坚的冲刺阶段，各民族与社会各界的力量紧密协作，齐心协力，全力推进，确保脱贫攻坚的全面胜利。全面建成小康社会宏伟目标的如期实现，每一个民族都不可或缺；相应地，中华民族的复兴征程也亟须各民族的共同参与和奉献。这一过程强调了全面小康的广泛性和全面性，体现了民族团结共荣的价值，也体现了中华民族大家庭的团结与合作精神。通过讲述脱贫攻坚的伟大实践，展现各民族在这一历史进程中团结协作与共同发展的风貌，深刻揭示各民族之间的密切联系，可以使学生认识到中华民族是一个休戚与共的命运共同体。脱贫攻坚不仅是一项全体中华民族共同参与的事业，更是增进民族间的相互理解和凝聚力，促进社会和谐与国家稳定的重要举措。

“共同体”这一概念着重阐述了人们因共同生活而产生的归属认同与互助精神。在高等教育阶段，加强大学生共同体意识的培育尤为关键。引导他们建立起共同体意识，对巩固大学生的思想基础，实现教育目的十分重要。增强共同体意识，能够提升大学生抵御外来不良思想影响的能力，还能提高他们辨别是非、善恶的能力，这是帮助学生面对日常生活和社会交往中各种信息时，能够做出正确判断和选择的关键措施。培养大学生树立“四个与共”的观念——休戚与共、荣辱与共、生死与共、命运与共，对于奠定他们的思想根基至关重要，这能够帮助他们在复杂多变的环境中保持清醒头脑和坚定立场，而且能显著提升他们对中华民族共同体的归属感和认同度。

脱贫攻坚是党的十八大以来的工作重点，历经多年不懈奋斗最终实现了全面胜利，这一过程铸就了宝贵的脱贫攻坚精神。在新时代背景下，讲好脱贫攻坚这堂思想政治理论课，既是深化“大思政课”教育的重要组成部分，也是其重要内容。通过深入探讨脱贫攻坚的历史进程与精神内涵，能够激发学生的奋斗意识，培养他们勇于开拓、自立自强的精神品质，锤炼坚韧不拔的意志，鼓励他们为追求个人目标和实现伟大中国梦而不懈努力。因此，上好脱贫攻坚的“大思政课”，首要之务在于点燃学生内心的奋斗火焰，培养他们面对困难时的坚韧不拔和自力更生的能力，提升学生个人品质，这是实现中华民族伟大复兴中国梦的必由之路。其次，教育能够强化学生的时代担当与历史使命感，使其理解脱贫攻坚与乡村振兴不仅属于党和国家，更是全体中华儿女共同的责任。在高校思想政治教育中，讲述脱贫攻坚的实际案例是培养学生命运共同体意识的内容之一，这有助于铸牢中华民族共同体意识，教育引导学生认识在中华民族大家庭中，各民族间应携手合作、共享成果、共同发展。

（三）以培育制度自信为目的讲好北京冬奥的实践大课

2022年北京冬奥会的成功举行，使北京荣获世界首个“双奥之城”的称号，更在国家体育史上留下了浓墨重彩的一笔，这一盛事的圆满落幕，展示了中国的价值观念、精神和综合国力，也使得思想政治教育获得了鲜活的实践案例。思想政治课教师应当深入探讨北京冬奥会的丰富教育资源，通过分享大学生直接参与或亲历的冬奥故事，触动学生的情感，引发共鸣，并激发他们持续奋斗的动力。此外，教师还需深入解析北京冬奥精神的核心价值及其在当前时代的意义，指导学生将这种精神内化为个人信念，外化为实际行动，进而增强他们的爱国情怀。以北京冬奥会为主线，开展富有深度的“大思政课”，旨在培育大学生对国家治理体系和治理能力的信心。从历史维度审视冬奥会的发展历程，使学生深刻认识到中华民族追求奥运梦想百年的艰辛与成就，体悟到这一辉煌时刻是中国人民不懈奋斗的成果；从现实角度考量，在面对新冠疫情等挑战的新时代背景下，北京冬奥会的成功举办凸显了党的领导的卓越能力、国家制度的独特优势以及中国实力的强大，让学生产生强烈认同感。

制度自信是中国深厚信念的一部分，体现着对本国政治、经济等制度体系卓越性的深度认可，以及坚信这些制度是国家繁荣发展的坚实基石。这种自信源于中国特色社会主义制度展现出的自我革新与持续发展的能力。对于大学生来说，作为中国特色社会主义事业的建设者和接班人，他们对制度的自信程度对于国家未来发展至关重要，在高校教育中，增强制度自信的教育对于促进国家各领域发展与迈向现代化具有不可或缺的重要性。

思想政治课程应该成为激发大学生情感认同和制度自信的重要平台，通过教育，引导大学生深刻理解并认同中国特色社会主义制度，将这种认同内化为自觉行动，因此会在新的历史进程中展现积极与主动的态度。

上好北京冬奥会的“大思政课”是强化学生的制度自信、铸牢中华民族共同体意识的重要环节，面对全球疫情的严峻挑战，北京冬奥会的成功举办证明了中国在疫情防控和治理方面的强大能力，更是对中国特色社会主义制度优越性的生动展现。思想政治课教师应当将北京冬奥会的防疫措施作为教学的突破口，深入剖析中国特色社会主义制度的发展历程、当前状态以及未来的走向。透过这一独特视角，学生能够深刻认识到，简约、安全、精彩的奥运会之所以能成功举办，实则是党领导下的全国上下各领域、各环节紧密协作、共同奋斗的集中体现。北京冬奥会的成功，是对全球疫情防控的一份优秀答卷，更是对中国特色社会主义制度优越性的有力证明，通过这样的教育，学生能够更深入地体会到中国特色社会主义制度的优势，进而增加对该制度的信心。

三、以马克思主义理论中国化最新理论成果为主要内容讲好理论大课

（一）以培育政治意识为目的讲好习近平新时代中国特色社会主义思想的理论大课

中国共产党百年征程中，要使青年团结在党中央的核心周围，依赖于对青年成长规律的深刻理解和遵循以及加强其思想教育。“大思政课”的重要内容之一——习近平新时代中国特色社会主义思想被誉为“当代中国马克思主义、21世纪马克思主义，是中华文化和中国精神的时代精华”，也被认为是中华文明与民族精神的时代结晶，将该思想深度融入青年的学习与生活，有助于他们掌握科学世界观与方法论，运用理论分析解决实际问题。这一思想的传播应贯穿于“大思政课”全过程，形成一种整体教育合力，

以引导大学生深刻领悟真理，坚持正确的政治方向，明确目标路径，使党的指导思想内化为行动指南，实现思想与行动的统一。

政治意识是个体对政治现象的认知、态度和评价的总和，它在高校教育中占据中心地位，高校作为培育社会主义建设者和接班人的摇篮，须以立德树人为核心，坚持正确的政治方向，将思想政治教育贯穿于教育教学的全过程，教育体系的发展策略应与国家当前及未来的战略目标相协调。大学生作为推动社会发展的关键力量，持有准确的政治观念极为重要，需加强自身的政治洞察力、决策能力和执行能力，以保证行动始终遵循正确路径。在信息时代背景下，信息化和网络化的快速发展，使得大学生在构建中华民族共同体意识的过程中，不可避免地会遭遇各类错误思想的影响。面对这些挑战，正确的政治意识和坚定的政治立场是学生抵御不良影响、保持正确方向的重要支撑，为了培养学生的中华民族共同体意识，高校应持续强化学生的政治意识教育。通过深入探讨理论知识，使得学生能够在面临重要原则性问题时坚守政治立场，展现出思想上的清醒与坚定。因此，即便是在错综复杂的社会环境和信息爆炸的时代中，他们也能保持正确的前进方向，避免迷失自我，始终坚持自己的政治立场。

习近平新时代中国特色社会主义思想是“大思政课”教育内容的精髓，不仅构成了铸就大学生中华民族共同体意识的关键内容，同时也是“大思政课”教育的根本要求。深入阐述这一思想，能够为大学生构建起稳固的理论支撑，助力其思想认知的发展。在开展理论教学时，应紧密联系中国当前的社会实际、面临的挑战以及所处的发展阶段，为提升大学生辨别是非的能力，并增强其运用马克思主义原则和手段处理现实问题的能力，应借助科学理论来解析青年群体面临的疑虑，特别在关乎民族团结等关键议题上，培养学生的准确性判断信息真伪的能力尤为重要，此举旨在强化他们的中华民族共同体意识。

（二）以培育爱国主义精神为目的讲好伟大建党精神的理论大课

伟大建党精神是对“共产党为什么产生，共产党应该怎么样”这个中国党建问题的根本回答。在《中共中央关于党的百年奋斗重大成就和历史经验的决议》中，提出要“大力弘扬伟大建党精神”，而党的二十大报告亦明确提及了这一精神的重要性。这一精神是党的精神根基，更是激励党不断前行的强大动力，伟大建党精神包含着坚持真理、践行初心、不怕牺牲、不负人民等核心价值，这些价值构成了党的宝贵精神财富，为党在应对各种困难与挑战时提供了稳固的精神支持。在思想政治教育领域，将伟大建党精神融入教学内容，是贯彻立德树人根本任务的实际需求，也是培养大学生社会责任感与使命感的有效途径。基于“大思政课”的视角，以弘扬伟大建党精神为主题，将其深植于日常教学中，传达中国故事，推广中华文化，继承并发扬中国精神的核心价值，是深化大学生对中华民族共同体意识认同感的重要步骤。通过这一教育方法，引导学生在学习过程中，将对党的热爱、对祖国的忠诚以及对社会主义的支持统一起来，并积极投身于社会主义现代化国家的建设，成为实现中华民族伟大复兴的生力军。

对于高校学生而言，作为民族精神核心的爱国主义，是构建政治认同与中华民族共同体意识精神根基的要素。在高等教育体系中，爱国主义教育是一项核心内容，更是提供精神导向的关键环节，它承载着凝聚民族力量、推动民族复兴的时代使命，能促进大学生树立正确的政治导向道德观念，培养深厚爱国情怀与坚定的价值观。特别是“大思政课”的背景下，培养大学生的爱国主义精神是教育的重要目标之一，其目的在于加深学生对国家的认同感，激励他们为了实现远大的理想和共同信念而不断努力，展现出强烈的爱国热情。爱国主义教育的目标不仅限于培育大学生的爱国情感，更重要的是要使他们深入理解新时代下爱国主义教育的深刻内涵，使其能够承担起民族复兴的历史责任，增强对实现中国梦的信念，提升自身的政治站位，增强辨别政治问题的能力。

在“大思政课”的框架中，强化大学生的中华民族共同体意识与培育他们深厚的爱国主义情感是教育的关键目标之一。在理论教学层面，讲解伟大建党精神是思想教育的核心，要求思政课教师深入剖析其理论内核，精准理解其核心价值，并结合理论与实践，指导学生深刻领悟“坚持真理，坚守理想”的意义，运用马克思主义理论来理解和解决实际问题。通过阐述“践行初心、担当使命”的理念，激励学生为实现中华民族伟大复兴的中国梦而努力奋斗；讲述“不怕牺牲、英勇斗争”的故事，旨在锻造学生的意志力，激发他们面对困难时的勇气和决心；强调“对党忠诚、不负人民”的重要性，引导学生坚持党的领导，将爱国情怀与爱党之情转化为自觉行动。通过上述教育活动，使学生全面掌握伟大建党精神的深刻内涵，在内心深处培育起深厚且持久的爱国主义情感，进而逐步树立并巩固中华民族共同体意识。

（三）以培育正确民族观为目的讲好中国共产党民族理论与政策的理论大课

“铸牢中华民族共同体意识”是马克思主义民族理论与中国具体国情相结合的智慧成果，其形成基础是对中国多民族历史经验的深度提炼以及对当下民族工作特性的精准洞察。这一理念是马克思主义民族思想在中国的创新性发展，同时也是时代精神的集中体现。党的民族理论与政策在遵循马克思主义民族理论的基础上进行了创新，始终秉持以人民为中心的价值立场，反映广大人民群众的利益诉求和情感认同。在高等教育体系中，通过阐述中国共产党的民族理论和政策，能帮助学生深入理解党的民族观的本质，即民族平等与人民平等。

民族观指的是人们对于民族以及与其相关的议题所持有的基本认知和立场。在新时代的背景下，开展对大学生的民族观教育是驱动民族复兴伟业的关键动力，亦是构筑中华民族命运共同体的基石。这一教育在确保国家统一与促进各民族和平安宁中起着重要作用，立足于对国内现实的深入理解，高校教育应着重于培养学生的民族平等与团结观念，为维护国家的统一与民族和谐稳定贡献智慧与力量，准确处理民族间的互动关系，培养民族团结精神，并深刻理解民族团结对于国家繁荣发展的重大意义，以及“一个民族也不能少”的深刻道理。通过培养大学生的民族观，引导他们主动接纳并深刻领悟“中华民族共同体意识”，认识到在悠久的历史发展过程中，各民族之间形成了相互依存、共同面对荣辱挑战的命运共同体。为此，应当教育大学生采用客观、全面、理性的思维方式审视中华民族共同体，理解其在政治和文化上的共同体属性的同时，更将其视为命运共享的整体，增进大学生对中华民族共同体的整体认知。

"大思政课"视域下，加强大学生中华民族共同体意识的培养过程中，中国共产党的民族理论与民族政策教育发挥重要作用，其目的在于引导学生准确理解民族问题，树立正确的民族观念，这是建立科学民族观的根本。在当前复杂多变的社会背景及多元意识形态的挑战下，开展大学生民族理论与民族政策的教育显得尤为重要，此举能够使学生掌握必要的知识，帮助他们在面对民族议题时作出合理、全面且公正的判断，培养其运用马克思主义民族观的思维工具来分析与解决相关问题的能力。从而使学生能建立起正确的民族认同感和国家认同感，这对他们的个人发展与国家未来都具有深远的意义。党的民族理论与民族政策的教育能够深入剖析这些理论的核心价值，揭示其内在本质和具体内容，进而促使学生形成科学且正确的民族观。

第三节 "大思政课"与大学生中华民族共同体意识建设的实践路径

铸牢中华民族共同体意识在推动中国式现代化进程中占据重要地位，这是在面对复杂国际环境下确保国家统一、社会稳定时的基石，也激励青年学子将个人理想与国家发展紧密融合，积极投身于民族复兴的伟大征程。在高等教育领域，思政课程作为塑造学生这一意识的关键平台，理应秉持创新精神，践行"大思政课"的教学理念，以此深入落实共同体意识的培养目标。基于"大思政课"的原则，应以马克思主义理论和中国特色社会主义理论体系为指导，构建一个多元立体、全方位覆盖、跨部门协作的育人体系，此体系需涵盖丰富多样的教育形式，实现教育空间和时间的全面覆盖，确保每一环节都能有效地传递中华民族共同体意识的重要性。

一、构建教育主体多元协同育人大队伍

（一）坚持高校党委统一领导

中国特色社会主义的本质特征体现在坚持党的领导。为了加强大学生对中华民族共同体意识以及“大思政课”重要性的认知，高校党委应当强化对此类教育活动的指导。唯有全党与社会齐心协力，方能保证思想政治理论课的教学质量与实际效果，从而有效地构建并巩固中华民族共同体意识。在高校层面，党委作为整体工作的协调中枢，通过持续强化党领导地位的上层建筑，确保思想政治教育能够遵循正确的导向，这样培养大学生的中华民族共同体意识工作就能不断获得进展。

1.将铸牢中华民族共同体意识纳入高校培养体系，完善思政教育工作格局

在“大思政课”视域下，大学生铸牢中华民族共同体意识的教育应当融到各教育阶段与环节之中，从课程设置到教学实践，从课堂教学到社会实践，每一个环节都应体现这一意识的培养。为了增强对相关教育工作的重视，高校应持续优化人才培养模式，确保教育内容紧跟国家发展步伐，满足时代需求，构建由高校党委引领、马克思主义学院统筹协调、各相关部门紧密协作的育人机制，以广泛覆盖各类教育主体，共同形成强大的协同育人力量。同时，在听取并评估思想教育工作情况后，高校党委须深入探究思想政治教育的本质规律以及学生成长成才的内在规律，不断寻找适用于“大思政课”的教育策略，有效促进高校大学生形成对中华民族共同体意识的认同感。

2.进一步整合铸牢中华民族共同体意识的资源

高校在党委的统一指导下应深化资源整合，确保各职能部门在“大思政视域下全面发挥育人功能，促进教育工作的整体协同与连贯。为此，需

建立健全教育活动的组织运作体系，明确各部门的职责，确保每个部门都能在具体工作中发挥其作用，组织部门需制定具体的工作方案，使得教育活动有序开展；宣传部门要负责相关宣传工作，提高教育活动的影响力和覆盖面；马克思主义学院和思政课教师则需深入研讨备课，确保教学内容的深度和广度。此外，各个部门都应携手合作，全面参与培养学生中华民族共同体意识的过程。思想政治理论课的教师是思想政治教育的核心力量，应当肩负起培育大学生中华民族共同体意识的主要责任，通过课堂教学与实践锻炼，指导学生树立正确的民族认知与价值导向。班主任与辅导员则需将中华民族共同体意识融入日常的思想政治教育，利用日常管理与辅导，协助学生在日常生活中实践这一理念。

（二）持续提高教师综合素质

教师的教学能力直接影响教学质量，为了全面优化“大思政课”的教学成效，强化大学生的中华民族共同体意识，须提升思政课教师的专业技能与综合素养。作为承担思想政治理论教育的重任者，教师肩负培育社会主义事业接班人与建设者的重大使命，鉴于思想政治理论课教师的特殊职责，除基本公民素养外，还需具备专有的思想政治教育能力。教师的个体素质直接决定教学质量与成效，故而在实施“大思政课”时，强化师资队伍建设是提升教育质量的必要举措。同时，这也要求教师在“大思政课”的背景下创新教育方式，有效引导大学生树立中华民族共同体意识。

1. 要提高教师的政治素质

教师在学生成长与成才的过程中担当着重要的角色，高校大学生是否能够成功树立起中华民族共同体意识，与其所接触的教师素质以及教学策略紧密相关。教师本身的政治理论水平及其对中华民族共同体意识的理解深度，直接影响着学生知识的接受与认知。因此，为了提升教师的政治素养与政治敏感度，他们应当深入研读并精准掌握党的民族理论与民族政策，全心贯彻执行党的教育方针，积极参与中央民族工作会议的学习与讨论，持续通过理论学习丰富自我，进而提高政治素养，深刻认识到铸牢中华民族共同体意识教育的重要性。教学过程中，教师应将理论知识与教学实践相结合，创新教学方法，激发学生的思考，引导他们形成正确的民族观念，培育他们的中华民族共同体意识。

2. 要提高教师的专业素质

教育工作的成功与否，很大程度上取决于教师的理论知识和文化知识是否扎实、丰富。在“大思政课”视域下，高校应持续增加对教师培训的投入，更新培训的理念与方法，促进培训成效的持续提升。通过全面的培训体系，可以有效提高教师的专业素养，强化其在教学实践中运用知识的能力。教师要在知识积累层面不断深造，其综合能力的提升也同样重要，特别是在互联网技术日益普及的今天，需视并提高其利用互联网、数字化设备进行教学的能力，比如，通过 PPT 等多媒体工具来丰富教学内容，从而提升教学质量和效果。此外，教师培训方式的创新也是关键，应通过多样化的培训手段，激发教师的创新思维和教学热情，进而提升他们的专业技能和教学艺术。唯有教师的整体素质与综合能力实现全面提高，方能在“大思政课”视域下，更加有效地巩固和增强大学生的中华民族共同体意识，进而促进教育事业的持续深化发展。

（三）充分运用社会力量培育人才

“大思政课”着重于倡导多元参与、主体协同的思政教育模式，旨在明晰教育目标、培养对象以及教育方法等关键问题。在立德树人的教育实践中，思想政治教育应当居于主导地位，而思政课程则应作为主要载体，有效履行其职责。从“大思政课”的角度出发，高校在培育大学生形成中华民族共同体意识时，应始终坚持“大思政课”的育人思想，勇于打破传统教育的时空界限，积极整合利用社会资源，实现教育协同。为实现这一目标，高校应广泛动员社会各方面的教育力量，创新思想政治理论课的教学方法，采用多样化的教学手段，增强教学的吸引力和实效性。

1. 让社会力量“走进来”

“大思政课”强调育人主体的多元化和教育场景的社会化，思想政治教育不应局限于学校的教室，而应扩展到广阔的社会实践中去，充分利用社会资源，实现教育的深度和广度。为了提升育人效果，思想政治教育应积极发挥榜样的示范作用，通过先锋模范来启发和激励学生。社会力量的参与，特别是行业专家、劳动模范、社会先进分子等走进校园，将他们的亲身经历和专业见解带入“大思政课”，为学生提供更为生动、实际的学习材料。通过建立健全兼职教师制度，可以将这些社会力量有效整合进教育体系，使思政课堂的内容更加丰富多彩，形式更加多样，结构更加立体，提高学生的参与度，增强思政课的吸引力和感染力，还能确保“大思政课”在理论高度、思想深度和实践联系上的紧密结合。利用先锋模范的真实故事，可以更好地触动学生的心灵，激发他们的民族自豪感和责任感，更有效地培养学生的中华民族共同体意识，并激励他们积极投入民族复兴的伟大征程，以实现教育的既定目标。

2. 高校学生“走出去”

《全面推进“大思政课”建设的工作方案》要求“大思政课”要善用社会大课堂。倡导将教育的触角延伸至校园之外，充分利用社会大课堂的丰富资源，通过多样化的实践教学活动，让学生亲身体验和参与社会生活，从而深化对思想政治教育的理解和认识。要实现这一目标，“大思政课”需要打破传统教育的局限，鼓励学生走出校园，深入社区、家庭，全面融入社会，通过参与志愿服务、理论宣讲、社会调研和参观学习等实践活动，增进学生对少数民族的认识，加强与他们的交流、联系。此举有利于磨砺学生的意志品质，强化其社会责任感，并在关注国家发展与社会进步的同时，培育学生树立中华民族共同体意识。教学实践活动应当采取润物细无声的方式，构建起学校、家庭、社区与社会相结合的多元育人体系，这一体系将各个育人环境整合为一个整体，旨在全方位促进学生在知识、情感、意志力以及行为习惯上实现中华民族共同体意识的转变。教学不应仅限于课堂之内，而应延伸至学生日常生活中的每一刻，激发他们主动接纳并实践中华民族共同体意识，使之成为具体行动的一部分。

二、办好教育时空有序延展的大课程

（一）贯穿教育环节，教育持续连贯

在推进“大思政课”的过程中，系统化的理念至关重要，这一理念要求将中华民族共同体意识融到高校教育的每一个环节和每一门课程中，这不仅仅是在思想政治理论课程中强调，而是要将这一意识渗透到所有学科的教学中，形成跨学科的教育模式。为了实现这一目标，需要精心设计教学内容，确保主题和主线的连贯性，并且随着学生学习阶段的提高，教学内容也要相应地深化。同时，教育方法要与学生的发展阶段相匹配，确保教育目标之间的顺畅过渡和衔接。这样能够保证学生在不同学习阶段都能持续地接收到铸牢中华民族共同体意识的教育，实现教育过程的连续性和一致性，从而保证“大思政课”不仅局限于特定的课程或活动之中，而是成为高校教育的常态，帮助学生在不断学习和成长的过程中，深化对中华民族共同体意识的理解和认识。

1. 教育贯穿全过程

要充分利用“大思政课”来加强中华民族共同体意识，高校需深刻领会中央民族工作会议对教育工作的最新指示，并将其融到立德树人这一任务之中。这个整合过程应当贯穿于教育体系的全方位改革与持续发展中，将政策导向有效转化成实际行动，推动教育整体水平的提升。在思想政治教育的全过程中，高校应将中华民族共同体意识的培育渗透至每一教学环节，这就要求教育工作者根据不同年级学生的思想认识特征与实际需求，精心制定并实施“大思政课”的教学计划，增强教学效果，确保各环节间的紧密衔接。教育内容作为思想政治教育的重要组成部分，其设计与实施直接关系到教育成果的实现与质量，因此，在设计“大思政课”时，需特别注意内容的连贯性和整合性，这包括对现有教育内容和教学体系的完善，以及对教育方法的创新，从而有效提升学生对中华民族共同体意识的理解和认同。

2. 制定连续贯通的课程标准

为了铸牢中华民族共同体意识，高校需根据学生不同年级的特点和教学要求，精心制定教学目标，确保课程标准的一致性、连贯性和层次性，形成相互关联、有机联系的教育体系。着重设计贯穿始终的课程架构，特别是聚焦于高校思想政治教育的核心要素与目标确立，以《马克思主义基本原理概论》课程为例，教师需综合剖析马克思主义的国家观念、宗教观及历史观，教导学生将中华民族的整体福祉置于核心位置。在《思想道德与法治》课程里，则更侧重培育学生的爱国情感与民族认同，确保课程设置的连贯性，维护教学内容的一致性，持续强化学生对中华民族共同体意识的认识与理解。

（二）建立互联互动大课堂，创新思政课教学方式

在新的时代背景下，“大思政课”提出了一项新的要求，即在社会层面扩大思想政治教育的影响。在学校的教育环境中，思政课应充分发挥其作为核心教学资源的角色，并且须紧密结合人民群众的实践经验，以提升课程内容的生动性和实践性。在此背景下，社会环境成为教育课堂的自然延伸，为学生提供了更广阔的实践平台。为了实现这一目标，教育从业者应当积极利用如网络信息技术、多媒体技术和大数据技术等现代化手段，增强思政课的教学吸引力和影响力。在数字化时代，借助思政云课堂这一平台，能有效拓展教育资源，使教学模式变得更加多样化且灵活适用。围绕“大思政课”的理念，构建中华民族共同体意识，高等教育机构需要在课程设置中有机融合第一课堂与第二课堂的资源，同时重视第三课堂的作用。通过构建互联互动的大课堂环境，确保学生在各个学习环节都能深刻理解和内化中华民族共同体意识。互联互动有助于加深学生对思政课的理解和认同，更是优化思政课实效性的关键策略，通过这种方式，能够有效地促进学生的全面成长和发展，使其成为具有深厚民族情怀的社会建设者。

1. 坚持第一课堂与第二课堂相结合

发挥思政课程的主导作用是达成立德树人根本任务的必然途径，思政

小课堂作为实现这一目标的关键平台，肩负着民族团结意识培养的重要使命，在思政教育体系中，其处于首要地位，是思政教学的主要载体，其他教育形式则需围绕它展开补充和支持。然而，单纯依赖思政小课堂而忽视与社会实践的结合，将限制思政课程效能的全面发挥。因此，思政小课堂应与社会大课堂紧密融合，通过社会实践中的鲜活案例，来丰富和深化教学内容，为思政课提供源源不断的现实营养，使之成为与时俱进的活力之源，帮助学生将理论知识与现实问题紧密结合，使抽象的概念变得具体而生动。在“大思政课”的视域下，高校对大学生进行铸牢中华民族共同体意识的教育，不应局限于课堂上的单向传授，而应结合实践活动以加深理解，这意味着教学过程中要注重实践的融入，将理论与实践相结合，使理论教育更加贴近学生的生活实际，更具有现实意义。为了实现这一目标，需坚持第一课堂与第二课堂的结合，使思政课更加生动、更具吸引力，从而更有效地培养学生的中华民族共同体意识，提高教育的质量和效果。

2. 充分发挥第三课堂的作用

当前，大学生的学习与生活深度融入了互联网、自媒体及各类电子设备，“大思政课”注重与时代同步，提倡采用多样化的教学方法以提升思政课程的吸引力和影响力，目标是让学生在思想道德教育中体验到实践的满足感和成就感。在大思政课框架内，高校着重培养学生的民族认同感，网络思政课堂成了推进思想政治教育革新与实践的核心领域。这一方式超越了常规教育的时间与空间限制，响应了信息化时代的发展需求，满足了大学生碎片化学习的偏好，这一模式能够激发学生参与思想政治教育及中华民族共同体意识培育的积极性。借助网络平台，实现了对学生的全时段、全方位思想政治教育，确保教育活动贯穿于大学生整个学习过程，从而更为有效地构建和强化大学生的中华民族共同体意识。

（三）丰富实践教学方式，理论教学与实践教学相结合

将理论知识与实践经验相结合是提高思想政治教育成效的关键，在“大思政课”的体系构建中，须有效利用社会资源来提升教学质量。因此，应

致力于实现理论指导与实际操作的紧密融合，特别是在推进思想政治理论课程的革新时，要坚持理论与实践的有机统一。实践教学作为衔接校内教育与社会教育的桥梁，高校在实施中华民族共同体意识教育时，应当高度重视并拓展实践教学的范畴，创新实践教学形式，扩大思政课程的覆盖范围。通过广泛组织课外实践活动，可以显著增强学生的参与度和认同感，使他们在亲身体验中加深对中华民族共同体意识的认知和理解。

1. 要开展实践教学，丰富教育方式，组织多样的实践教学活动

为拓展教学手段，首要任务是构思多样化的实践性教学项目，确保其紧密对接教学目的，尤其聚焦于强化大学生的中华民族共同体意识这一核心使命。提倡学生投身多种社会实践，如亲临实地考察非物质文化遗产，借此体验中华传统文明的独特魅力，进而加深其对中华文化的归属感。另外，安排学生参观纪念馆和博物馆等场所，能够直观展示国家的建设成就，深化他们对国家发展史的认知。同时，通过组织主题访谈、演讲等互动活动，使学生能直接感受到祖国的辽阔疆域与历史变迁，激发他们的爱国情感和为国效力的决心，增强对国家发展战略的认同感，坚定走中国特色社会主义现代化道路的信念。高校应积极与社会各界建立合作关系，共建实践教学基地，充分利用这些基地开展教学活动，实现现场教学，深度挖掘和有效利用基地资源。同时，实践教学基地也应积极创造条件，与学校协同完成育人任务。

2. 理论教学与实践教学相结合

理论教学是教育体系中的基础环节，它为学生提供了必要的知识框架和思考工具，但教学过程中不能仅仅偏重理论，还应深刻认识到实践教学的重要性，它能够将理论与实践相结合，使理论教学更加生动和具体。实践教学不仅是一种延伸和补充，更是将抽象理论具象化、形象化的有效手段，实践教学对于深化学生对思想政治理论的理解具有重要作用，它能激发学生在教学互动中进行主动思考，进而提高理论教学的实际效果与社会影响力。理论教学与实践教学相互依存、相互促进，高校在实施铸牢中华民族共同体意识的教育时，需恰当地平衡两者的关系。教师应避免理论教

学占据主导地位，压缩实践教学的空间，此举可能导致学生的学习动力与参与度下降。同时，过于侧重实践教学，则可能削弱理论教学的核心作用，使学生难以全面、精确地掌握理论知识。因此，教师应当依据学生的具体特征以及课程目标，科学调配理论教学与实践教学的比例，以确保二者相辅相成，共同促进“大思政课”的建设和教学成效的提升。

三、形成开放立体教育结构的大机制

“大思政课”是对思想政治教育在广度和深度上的全面拓展与深入发展，它不仅仅是对教育主体、场域、资源的简单扩充，更是对教育工作结构和布局的根本性重构，相较于传统思政教育，它突破了固有限制，以更加开放和包容的姿态，推动了思政教育体制机制的创新。采用积极利用资源的理念，持续完善思想政治课程的教学架构，强调整合各种教育资源，以满足不同学习者的需要，并建立更为完整与高效的评估机制，形成开放、多样、多层次的工作格局与运行体制，以此优化高校思政工作的布局，推动新时代高校思想政治工作的多元化的。

（一）完善“大思政课”体制机制建设

机制体制是促进思想政治教育创新与发展的核心要素，对于“大思政课”的构建同样重要，这一建设任务的复杂性使得它无法单靠一方力量完成，而需要多方合作与协同，通过学校内部及社会力量、资源整合，形成强大的教育联合体，能确保“大思政课”在体制机制上实现有效协同和无缝对接。而要实现“大思政课”的持续发展和深入实施，须在上层建筑层面进行创新，确保其体制机制既创新又稳固，这涉及制度的建立、完善和执行，以实现教育活动的规范化、体系化和持续性开展。

1. 推进“思政课程”与“课程思政”有机协同

高校在实施“大思政课”的过程中，应着重进行总体布局与有序推行，确保“思政课程”与“课程思政”的紧密配合，实现教育资源的整合与教学技巧的互鉴。此举需全面发挥思政课程的主导功能，并深入挖掘各学科中能够助力塑造中华民族共同体意识的成分，革新传统的思政课程教育模式。通过跨学科、多角度、多层次的合作，推动思想政治教育的多样化与综合化发展。构建以思想政治理论课、通识教育课程和专业课程为核心的教育系统，形成全面覆盖的中华民族共同体意识培养框架，从而促进“大思政课”的深化。在此体系内，思想政治课程与课程思想政治应紧密结合，保证教育目的和路径的一致性，以及教育内容和手段的协同性。例如，在自然科学类课程中，应强调科学精神与人文精神的融合，激发学生的崇高理想，引导他们运用所学知识服务于国家与民族的发展，为推动人类社会进步贡献力量。

2. 建立教育主体协同配合机制

在“大思政课”框架下，推动高校大学生形成牢固的中华民族共同体意识，要求学校、家庭以及社会三方携手合作共同承担起这一重任。学校作为思想政治理论课的主战场，应当发挥核心作用；家庭则扮演重要辅助角色，提供必要的支持；社会则提供丰富的实践与体验平台。为了有效实施这一战略，需实现教育主体间的紧密协作。学校应充分激发思政课教师的工作热情，同时发挥其他教职员工和部门的育人作用，构建一支既具备专业知识又充满活力的师资团队；家庭层面，则需明确其教育责任，创造积极向上的家庭氛围，通过日常生活中的实际活动帮助学生提升政治素养和道德水平，在无形之中增强其对中华民族共同体意识的认识和认同；学校应积极引入社会力量和资源，鼓励社会各界人士，包括各行业的先进模范，参与到大学生的教育中来，为思政课程注入生动的实践内容。为了将理论知识与实际操作相结合，通过建设实践教学基地和科普基地，开展多样的教学活动，实现了思政教育的小环境与社会大环境的融合，使学生能够在实践中得到教育。通过构建学校、家庭以及社会三者之间的全面协同育人体系，为在“大思政课”框架下强化中华民族共同体意识提供了新的动力，从而促进这一工作向更加深入和广泛的层面拓展。

（二）建立教育资源共建共享机制

教学资源对于维持教学质量与成果至关重要，特别是在“大思政课”的背景下，高等教育机构应摈弃传统模式，追求资源的开放性、多样性和丰富性。此举能够拓宽教学内容的广度，还能显著增强“大思政课”的教育成效，促使青年学子在更为多元化和丰富的学习环境中获取知识与灵感。为强化大学生的中华民族共同体意识，思想政治课教师需积极寻求并开发新颖的教学资源。此类资源对充实教学内容、丰富教学内涵、提升教学品质具有不可或缺的作用，因此，高校应当鼓励教学主体间的资源共建共享，推动课程与教学平台之间的合作，以最大化利用和发挥教育资源的价值。

1. 促进课堂资源的共建共享

思政课程的教材与教学内容应当紧密贴合时代发展潮流，以满足培养学生的中华民族共同体意识的需求。为此，教育工作者需将党的最新民族理论与实践经验融入教学体系中，并持续从时代变革中汲取营养，革新教育内容。“大思政课”倡导的实时更新理念，着重于整合具有时代特色的思政元素，并将其有机地融入日常教学活动中。为了促进“大思政课”的构建，教育主体应加强信息交流与资源共享，形成一个课堂资源共建共享的教育网络。在实际教学过程中，教师应深度挖掘中国故事中的教育资源，特别是那些反映党领导下的伟大实践的生动事例。这类具体鲜活的案例能激发学生的情感共鸣，帮助提升他们的思想理论素养。

2. 促进社会资源的共建共享

“大思政课”应当紧贴时代发展前沿，深度探索社会实践中蕴含的丰富教育资源，以此作为思想政治教育的核心支撑，确保教学内容既与时俱进又贴近实际。为此，学校需与社会各界密切合作，共同打造多元化的实践教学资源。具体来说，各类社会机构在国家级纪念日举办的各类活动应当向学生开放，以此培育学生的爱国主义情怀，引导他们形成正确的价值观念和坚定的理想信念。此外，为提升高校学生的服务意识，社会部门可以在需要时向学校寻求大学生的参与，这种参与能够增强学生的责任感，还能帮助他们建立起承担民族复兴使命的坚定信念，推动学校与社会教育资源的共建共享。最后，通过与社会各部门的长效合作，建立各类实践基地，开展有特色的实践教学活动，丰富多样的实践活动可以有效培养并强化学生的中华民族共同体意识。

（三）建立科学有效的考核评价体系

构建科学且高效的评估机制对于保证思想政治教育活动的高质量进行至关重要，评估考核制度是激励教师不断提升个人能力、促进教学质量持续优化的核心动力，同时也是指导教学方向的关键要素。在“大思政课”这一理念的指导下，考核评价体系应从内容、结果、参与主体等多维度进行创新与整合，以确保思想政治课程在实践育人过程中的实际效果与持久影响力。为了达到这一目标，应着手构建一套全面且完善的思政课责任主体评估体系，明确高校党委在思想政治教育领域的主导角色，确保能在实践思政课程时高效识别并妥善处理遇到的问题与弱点，加强构建有效的考核与评估体系，设立一套既科学又合理、能全面反映教学质量与效果的评价机制。这一体系的建立旨在激励参与者展现创新精神与积极性，从而优化教学的实际成效。

1. 要优化考核评价体系

构建考核评价体系对于规范教学行为和提升思想政治教育效果尤为重要，其核心在于优化教育成果，需要全面覆盖课程设计、教学管理、实施流程以及产出效果等多方面因素，形成全方位的评估指标框架。此体系强调强化对教学流程的监督，持续革新评价成果的方法，以确保评估工作的科学性和公正性。在评估铸牢大学生中华民族共同体意识的阶段中，应综合运用过程评估与结果评估、规范化与多样化评估相结合的方法，运用多层次标准全面检验教学内容、教学手段、教学产出等关键环节。此举旨在促进“大思政课”视角下的高校学生铸牢中华民族共同体意识评价体系朝向多元化演进。

2. 要建立多元主体评价体系

评价在教育领域担当重要角色，它为教育方针提供导向，也是促进思想政治课程持续深化变革的关键动力。在“大思政课”的框架下，评价的运用显得尤为重要。高校党委及相关部门扮演着评价的核心角色，然而，“大思政课”更倾向于鼓励多元化的评价主体共同参与。作为接受教育与思政教育目标群体的学生，他们的反馈是驱动思政课程进步的核心动力。思政课程的成效显著体现在学生身上，故而应依据学生提供的评价信息，进行适当的调整与优化。除学生评价外，“大思政课”还应与社会紧密结合，社会评价主体涵盖专家、领导者以及公众等。社会层面的评价可以从多个角度展开，涉及思政课教材体系如何有效转变为教学实践、教师能否灵活运用实际案例等方面。社会评价的方式应更加丰富多样，可采取态度评价、过程评价等多种形式，以实现评价的全面性与创新性。通过构建一个多主体参与的评价体系，能够确保高等人才与社会发展需求相匹配，实现高校教育与社会的良性互动。

第六章 “大思政”与高校思想政治教育社会资源的整合

第一节 “大思政”与高校思想政治教育社会资源整合的相关概述

一、高校思想政治教育社会资源整合的概念厘定

（一）社会资源的基本内涵

“资源”即为具备转化成物质与精神产品能力的客观存在。资源可细分为自然资源与社会资源两大类别。社会资源最初侧重于与自然资源对比，涵括信息、人力、文化与精神等非物质形式的资源。在工业革命前，人类认知中的资源范畴主要局限于自然资源，但随工业化进程加深，社会资源的重要性逐渐凸显。迈入新时代，人们对于社会资源的认知程度显著提升。在“大思政”理念引领下，思想政治教育为“社会资源”的概念增添了新维度，拓宽其应用领域。

“社会资源”的概念可通过广义和狭义进行阐述。从广义角度来看，社会资源界定为能转化成实际服务，以回应社会需求的各类客体。从狭义角度来看，社会资源则专指社区内部（包括个体与机构），旨在促进居民成长或解决突发事件的各类客体。不论是从广义还是狭义，社会资源都扮演着服务于社会、驱动社会进步的关键角色。

综上，“社会资源”是指人力、经济、教育等多种资源类别中蕴含的人文要素，这些资源在社会体系内流动，为推动社会发展与提升人类生活质量提供物质基础。

（二）高校思想政治教育社会资源的基本内涵

在探析高校思想政治教育实践时，社会资源的多元特性促使人们深化对其本质的理解，然而，学术领域内关于社会资源界定的标准至今仍未形成共识。

四川大学学者聂波认为，教育者选择和使用的教育内容和信息，能够促进思想政治教育发展的要素，即可定义为社会资源。具体而言，其将高校思想政治教育视为一系列驱动其实践进步的关键因素集合，这些资源对教育成果具有显著的影响作用。

综合上述观点，可以认识到，在特定条件下，社会资源的开发与应用对于高校思想政治教育具有积极的推动作用，并且在一定程度上充当了桥梁的角色。因此，可以将高校思想政治教育的社会资源定义为：存在于高校环境之外，可供高校思想政治教育工作者选择和利用的，能够承载思想政治教育信息、促进教育目标实现的各种资源。

（三）高校思想政治教育社会资源整合的基本内涵

参考建筑学原理将零碎思绪通过特定手段联系起来，促进知识资源的流通与共享，即为整合。其核心价值在于聚合那些分散要素，以实现其价值与功能的升级，构建一个高效协作的有机整体。在资源整合中，各资源被视为统一的体系，对多样资源进行集成与优化，强化彼此间的关联性，旨在全面提升系统的整体效能与均衡发展，进而塑造一个合理有序的结构框架，追求最大化综合效益。

在高校整合社会资源推动思想政治教育的过程中，不仅需要统筹校内校外的社会资源，还应通过这种整合实现超越简单叠加的效果，即实现协同效应，优化资源配置，实现高校思想政治教育的深化和提升，达到更高层次的教育目标。

二、高校思想政治教育社会资源的基本类别

当前学术界对高校思想政治教育社会资源的分类体系并未达成共识。陈华洲副教授在《思想政治教育资源论》一书中，归纳出社会资源由五大类构成，即主体资源、群众资源、文化资源、科技资源及信息资源。而刘定平教授则将其细分为人文资源与人才资源两大类别。这些专家的研究贡献为后续的分类研究提供了有价值的参考，尽管当前尚未形成系统化且全面完善的社会资源分类标准。由此看来，在大思政视角下，高效整合高校思想政治教育社会资源，需从多元角度与全局视野出发，深入研讨资源分类。

（一）主体资源

1. 专家学者

高校思想政治教育的有效实施需要思政教育持续整合、优化各种资源，随着“大思政”教育的深入开展，高校愈发需要整合资源来解决思政教育中存在的问题。在这一背景下，高校思政课教师发挥着重要作用，但单靠他们的努力难以应对所有挑战的，且教师的文化、素质、能力、数量等都存在不同，在实际教育过程中就可能会产生一系列问题。为了解决这些问题，高校开始引入校外的专家学者，与校内教师形成互补，共同构建政治立场坚定、学识渊博、自律严格的思政课专职兼职队伍。这种校内外专家的合作模式，为高校思想政治教育注入了新的活力，也显著推动了教育质量的提升。

2. 领导人员

提高高校思想政治教育的成效，不能仅依赖于思政教师和学生群体，需要构建完善的领导体制和工作机制。中国高校普遍采用的党委领导下的校长责任制，是构成推动各院系及职能部门协同工作的基石，确保思想政

治教育的目标和理念贯穿于教育规划的全过程。党委宣传、学生事务、工会、共青团以及行政后勤等部门均需充分展现其职能，善于聚合党、政、工、团、妇联等各方资源，以实现思想政治教育领域的联动效应。这一联动强化了各部门在思想政治教育工作中的专业分工与协作，亦优化了资源整合，促进思想政治教育体系在垂直与横向上的构建与完善，全面激活高校内各个组织要素在思想政治教育中的效能。在当下，各级党政领导参与高校思想政治课程的教学活动已形成明文制度。

3. 人民群众

思想政治教育作为一项以人为核心的工作，既强调人的主体参与，又致力于引导和塑造人的思想与行为模式。从本质上看，这是一种广泛的群众性事业，其功能在于通过教育、动员与组织广大民众，以达成特定目标，若忽视了群众支持，思想政治教育活动则会丧失其实质价值与生命力。特别是在高等教育中，思想政治主要的教育对象为青年大学生，他们是教育的接受者，也是社会大家庭的一部分，生活在校园、家庭和社会的多重环境中，扮演着不同的角色，承担着不同的责任。大学生在日常生活中与各种人交往，这些人际交往中的个体，尽管在群众中可能显得平凡，但他们的行为和态度却能对周围的人产生深远的影响。高校的思政工作应激发并凝聚广大学生和社会公众的参与热情，有效吸纳群众内部的积极元素，整合积极资源，以确保教育活动的顺畅推进。具体而言，群众之中蕴藏着丰富教育资源，包括值得效仿的爱国典范、革命先驱、劳模标杆及英雄人物等正面人物，也有需予以警戒的消极群体与反面教材。无论是正面的示范作用还是反面的警示意义，都为高校的思想政治教育提供了宝贵的教学资源。

（二）财物资源

1. 财力资源

高校的经费状况显著影响其教育的质量与水平，不论教育活动规模如何，经费支持都是不可或缺的，充足的资金是保证其顺利实施的关键。财政经费是高校稳定运行的根基，它为科研、教学等核心活动提供物质保障，高校的日常运营，尤其是教职工薪酬的支付，主要仰仗政府的财政拨款，只有经费充裕，高校方能吸引更多并保留优秀教师，为学生营造优越的学习环境。财务资源的充足不仅有利于提升教育质量，还能促进多样的思想政治教育活动开展，这些活动不局限于校内的讲座与学术交流，还延伸至校外，让学生成为实践活动的直接参与者。通过实际参与，学生从被动接受转向主动探索与实践，这能极大激发其学习动力，为思想政治教育的有效实施奠定坚实基础。

合作模式作为教育领域的革新举措，旨在以一种创新方式培养人才，它超越了传统教育框架，还巧妙地将企业文化融入校园思想政治教育，通过多元手段展现这一整合模式。该模式丰富了教育内容，推动了教学方法的革新，并对企业塑造学生的价值观产生了积极效用。同样地，高校思想政治教育也为企业的成长注入活力，企业通过捐赠资金、提供科研设备和活动经费等方式，显著提升了其对高校教育事业的支持力度，这有助于提升教育质量，也为学生提供了实践和锻炼的机会，确保了教育活动的顺利进行，也为企业自身培养了具有良好思想政治素质的人才，为企业的长远发展奠定了人才基础。高校的资金来源中，社会捐赠的占比日益加大。

2. 物力资源

自然物力。自然界中存在的物质资源，未经人为加工即可直接应用于思想政治教育的资源就是自然物力。自古以来，人类便从自然界中直接获取生存所需的物质资料，这一行为至今依然普遍存在，在思想政治教育活动中，同样可以直接从自然界提取丰富的资源，例如，利用山峰的巍峨来激励学生成为有责任感和担当精神的新时代青年。由此可见，自然环境与人类的生存发展息息相关，其对思想政治教育具有深刻且广泛的影响，能够显著地塑造教育的效果。

人造物力。在思想政治教育实践过程中，人造物力特指由人类加工、制造并实际应用的物质资源，它们是教育活动的物质基础，这些资源广泛涵盖了从基础设施、建筑设施和各种物质工具与设备，然而，这些资源并不会自发地参与到教育活动中，它们需要被有意识地识别、整合、激活，才能充分发挥其在高校思想政治教育中的作用。它包括如文化活动中心、教学设备等的校内基础设施，以及名胜古迹等具有特殊意义的基础设施。

（三）文化资源

文化资源指的是那些可用于思想政治教育的各类文化活动及成果，会随着社会变迁而不断丰富其内涵，这些资源彰显了民族特性，还深植于民族心理与情感之中，蕴含着精神内核与价值观，具备深厚的精神价值潜力，需深度解析与挖掘。在高等教育领域，文化资源的特质与品质直接影响教育实践效果。通过深挖与高效整合文化资源，能为思想政治教育注入丰富知识底蕴与文化根基。各高校独有的文化资源广泛融入校园生活，如校训、社会主义核心价值观等，成为重要的社会教育资源。高校思想政治教育不仅仅是知识传授，更蕴含深厚的人文精神，肩负着人才培养的重任。在此背景下，文化资源展现出综合影响力，促进高校思想政治教育的不断深化与提升。

（四）传媒资源

在数字化时代，网络和新媒体已经成为思想政治教育的重要平台，对大学生的教育和引导具有不可忽视的作用，网络思想政治教育的核心地位日益凸显，它能够提高教育的覆盖面和影响力，还能通过创新教学方式和丰富学习资源，增强教育的吸引力、有效性。网络思想政治教育逐渐成了主流教学手段，特别是考虑到其主要目标受众——广大学子，可以为学生提供更加多样化和个性化的学习体验，例如，通过在线课程、互动讨论、虚拟实验室等，可以激发学生的学习兴趣，提高他们的参与度和互动性。

大众传媒作为一种教育载体，承担着传播信息、引导舆论、协调社会关系等重要功能，在高校思想政治教育中，大众传媒既是信息传播的工具，也是价值观和文化理念的传播者，通过大众传媒，可以有效地传递社会主义核心价值观，引导学生形成正确的世界观、人生观和价值观。在网络信息技术时代，智慧课堂、混合课堂等新型教学模式应运而生，它们通过科技手段优化教学过程，提高教育质量，这种融合改变了传统的教学方式，也为学生提供了更加灵活和便捷的学习途径。在传播新的价值观念与文化理念的过程中，新型媒介承载并发扬了这些思想，同时深远地影响着大学生的认知模式与社会实践活动，过度依赖新媒介可能带来一些消极影响。因此，如何合理利用“新”媒介，发挥其积极作用，减少消极影响，是高校思想政治教育需要关注的问题。

三、高校思想政治教育社会资源的基本特征

（一）承载性与传导性的统一

高校思想政治教育的社会资源，虽然位于校园之外，却发挥重要作用，它们是教育信息的载体，蕴含着教育的目标和任务。高校是知识传播的中心，更是意识形态教育的重要平台，为了实现思想政治教育的目标，高校的任务在于高效地向学生传达社会所需的政治导向、价值观以及道德准则等关键信息，进而激励学生将这些理念转化为自主行为，完成从理论认知到实际行动的内在转化。

在高校思想政治教育框架下，社会资源的传导性特性主要体现在其传播教育信息的效能与充当信息交换媒介的职能上。这一特性呈现出两个关键特点：一是思想观念的传递，二是社会资源自我承载与流通的能力。社会资源的承载力为学子们提供学习的环境，通过向学生灌输社会所需的政治理想、价值导向与道德准则，助力构建正向的价值观体系，进而为深化知识理解与实践应用奠定基础。高校中，思想政治教育的核心在于传播内容与知识，而社会资源则扮演着至关重要的信息通道角色。

（二）中介性和可控性的统一

在分析高校思想政治教育的社会资源内涵时，可将其理解为一种中介

元素，在思想政治教育体系中担当连接角色，扮演着沟通主客体、促进思想情感互动的桥梁与平台。作为内容与形式、价值与应用价值的综合体，社会资源借助特定途径与方法，向大学生传递丰富的思想道德内涵，鼓励大学生反思、选择，最终使其将所学内化为个人信念，外化为实践行为。

社会资源可控性意味着这类资源能被高校思想政治教育的实施者选择与掌握，并为参与方所认知和理解。作为这一教育过程的核心——人，其使用的特性直观地表明了其可控性，在多变的社会情境下，高校教育的主体与客体需具备辨识与选取资源的能力，将资源有效转化为推动学生成长的强大力量，以此实现资源的有效配置与教育效能的提升。

（三）整体性与序列性的统一

在高校思想政治教育中，社会资源是一个客观实体，也是一个有机整体，不同形式之间相互关联，共同作用于教育过程。这些资源并非孤立存在，而是形成了相互依存、相互影响的整体，每一种社会资源都具有其独特的价值和意义，它们在思想政治教育中发挥着重要作用。但并非所有社会资源都适用于特定的教育目标或意识形态教育过程，在实际应用中，需要对这些资源进行细致的分析和甄别，确保它们能够有效地服务于教育目的。于高校思想政治教育而言，社会资源既是具体的客观存在，亦是相互联系、协同作用的有机集合，不同表现形式之间相互依存，共同推动教育过程的发展。

社会资源的产生、形成和发展通常遵循一定的规律和顺序，这些规律和顺序主要体现为三个方面：一是社会资源通常遵循从简单到复杂、从低级到高级的发展路径，这种顺序反映了资源在形式和内容上的逐步丰富和深化；二是社会资源从最初的随机、无序状态，逐渐演变为规范、系统的状态发展，这一过程体现了资源组织和管理的逐步完善；三是社会资源的形式会根据其固有属性和外部时空条件的变化而变化，这种变化使得资源能够适应不同的教育需求和环境，同时也允许对资源进行分类和排序，以实现更有效的利用。

（四）实践性与发展性的统一

高校思想政治教育的本质在于实践导向的学习过程，其目的是借助实践来加深与稳固理论理解，这种教育模式旨在实现思想与行动的和谐统一，确保学生能够将学到的理念和价值观融到日常生活、社会实践中，从而产生积极的实际效果。然而，在实际操作中，思想政治教育实践中常会遭遇种种实际条件约束，因此，教育从业者需以实践和发展为视角维度，对社会资源进行考量与有效运用。意识到社会资源在思想政治教育行动中的意义与功能，是教育工作者不可或缺的认知，它们是教育内容的来源，也是教育效果的催化剂。随着社会的发展，社会资源也在不断地进化和丰富，教育者应该积极筛选和提炼这些资源，去除不适宜的部分，保留并强化那些有助于教育目标实现的要素，推动社会资源的多样性和丰富性，为高等教育中的思想政治教育工作奠定更为稳固的基础。

第二节　大思政视域下高校思想政治教育社会资源整合的实践价值

一、推动社会资源一体化，实现效益最大化

遵循大思政的理念导向，高校应精心规划并组织实施实践育人项目，深挖各类社会资源之间的内在关联，寻找教育结合点，实现最大化思想政治教育的培养效益。在整合社会资源时，高校须有效地串联校内校外、课内外以及线上线下资源，全面激活可利用的社会资源，确保思想政治教育活动突破校园物理界限，实现社会资源的全维度联动。

在教育实践中，社会资源的利用及优化是关键所在，为了实现资源的高效整合与潜能释放，须对各类社会资源进行深入分析与综合评价。以引

导大学生深入学习红色文化，体悟红色精神为例，实地探访红色文化遗址，让学生亲历革命时代的艰苦情境，能更深刻地体会革命精神实质，进而增强思想政治教育的说服力与影响力。同时，高校应组织校园内开展的红色主题演出与展览活动，使学生能够近距离接触红色文化，感悟革命历程的曲折，以此强化对教育内容的信任感，显著提升学习成效。此外，通过新媒体如公众号、短视频等渠道对大学生参与的红色文化活动的专题报道，不仅实现了文化资源与媒体平台的有效融合，还增强了思想政治教育的针对性与实效性。在这一过程中，要建立各环节间的协同机制，确保各个活动部分之间的紧密合作，确保教育资源得到有效利用和最大化发挥。

高校借此途径有效地聚合主流观念，强力弘扬社会正向能量，实现资源利用的最大价值，还能够提升思想政治教育的质量和效果，为学生的全面发展和社会责任感的培养提供有力支持，促进学生个人价值与社会价值的和谐统一。

二、满足高校发展要求，凝聚思政的向心力

在高校思想政治教育领域，教育资源的整合与优化是提升教育质量的关键，这些资源是教育活动的基础，更是推动教育创新的原动力。在当前的大思政背景下，高校需要通过整合各类社会资源，实现资源共享与优势互补，为实现高校思想政治教育力量与资源的全面整合，构建贯穿始终、协同共进的教育体系，以形成强大而统一的教育效能。

革新教育框架，高校需整合教育、管理、服务、科研与实践等元素于育人的全流程，构建多元化的教学体系，促使高等教育机构建立起高效协调机制，促进教育主体间的协作，不再单一依赖专职思想政治理论课教师，而是广泛吸纳校内外领导、专家等多元力量参与思想政治教育。此举旨在化解教育主体间的冲突，优化整体运作效率，并显著提升思想政治教育的向心力。通过鼓励不同背景的思政教师和工作者参与，促进高校思想政治教育的创新发展，使其更好地适应社会发展和内在需求。

为了加强高校思想政治教育的有效性，有必要构建一个联动机制，将社会资源系统整合入教育体系，以提升教育的整体效能和育人效果，促进思想价值的共识汇聚，力图构建一个贯穿全体学生、覆盖学习全过程、渗透所有环境的全面育人框架。通过合理整合资源，高校可与社会资源在思想政治教育的内容、模式、管理和运行机制，乃至支持保障体系上深度协同。这一过程能精确对接高校思想政治教育的具体需求，还能确保资源的高效利用，针对性地输送教育内容，从而促进教育质量的提高与教育力量的聚合。

三、提高资源整合质量，促进学生全面发展

社会实践活动是高校思想政治教育中不可或缺的一部分，它将知识与行动紧密结合，为学生提供了将所学理论知识应用于实际问题解决的平台，充分提升大学生的社会实践参与度，显著提升教育的人才培养效能，并强化实践在教育体系中育人的独特价值功能。同时，学生能够锻炼自己的实践能力，深化对社会现象的理解，促进角色转变，更好地适应社会需求。

当前高校需要提升社会资源整合的质量，丰富教育内容，创新教育方法，加强学生的意识形态教育和理想信念教育。为此，高校应整合社会资源，鼓励学生积极参与思想政治教育，通过实践活动将理论知识转化为实际行动，促进其在科学文化知识与专业技能方面的发展，提升其思想素养、创新能力及创新思维，确保其认知、信念与行为的协调一致，从而驱动思想政治教育迈向新的发展阶段，开拓思想政治教育的新领域。

四、协调多方主体的合作，构建大思政格局

在宏观视角下，高校思想政治教育的革新是一项全面性的战略任务，需动员教育领域的所有参与者共同努力，确保教育实践能有效发挥育人的目标。以“大思政”的视野推进高校思想教育，需要总结历史经验，展望

未来发展，通过整合与优化社会资源，力求实现教育资源的最大化利用效率。这要求思想政治教育主体不再局限于思政课教师，而是需要教师、党政机关领导以及社会各界的广泛参与和协作，促进资源共享，为强化教育的“大师资”效应，应构建“大平台”以优化师资整体素质及效能。思想政治教育需深入社会各层面，充分利用多样的社会资源，确保实践教学贯穿教育全过程。教育不应仅限于课堂，而应渗透至社会生活的每个角落，实现课堂与社会的紧密衔接。理论与实践应融为一体，学习与生活相互交织，同时将教育资源延伸至家庭和社会，共同促进“大思政”模式的实施与发展。

“大思政”理念的提出，标志着思想政治教育的范畴已经超越了传统高校教育的边界，它涵盖了政府、企业、家庭以及社会各界，形成了广泛的教育网络。此理念聚焦于依据社会资源的特质进行高效整合，凸显其在高等学府思想政治教育领域的关键作用，推动资源整合的共享与链接，既是对既有教育体系的创新性延续，也是对其的积极发展。它要求全面融合差异性及关联因素，激活各类社会资源，以构建一个协同、稳定和洽的思想政治教育生态。

为了构建紧密合作的教育生态系统，推动思想政治教育的全面实施，需要高校、政府、企业和家庭等社会各界携手共进，形成协同教育网络，各方应充分利用自身优势，相互补充，共同推进教育发展。政府部门、企业、高校及社会、家庭之间应展开多层次、多方位的互动，将社会打造为思想政治教育的扩展学习场所，形成一个集知识传授、实践锻炼和校园活动于一体的全方位育人体系，最大化地优化教育资源配置，确保思想政治教育深入社会各个层面。

在高校与社会之间的合作中，思想政治教育工作涉及多个方面，为了提升这一工作的效能，须通过有效的社会资源整合，将高校、政府部门、企业、家庭以及各类社会组织的力量汇聚起来，构建一个协调一致、功能完善的管理体系，这样的整合能够促进不同社会成员和群体之间的互联互通，形成一个有机统一的整体。当前，加强社会组织的资源整合意识，提升内部协调合作的能力，是实现多主体协作优势、教育合力发挥的关键。

第三节　大思政视域下高校思想政治教育社会资源整合的发展瓶颈

一、主体主动性、热度仍需强化

（一）整合社会资源的主体意识尚需加强

近年来，国家对思想政治教育的重视程度显著提升，促使主体资源的范畴大大拓宽，已不限于传统的思政课教师与辅导员，而是广泛地融入了校内外党政干部、专家学者、企业领导、社会组织负责人，乃至社会上的杰出人士及劳动模范等多元角色，这些变化为高校的思想政治教育增添了新动力，丰富了教育资源，拓展了教育视角。不过，在整合这一丰富资源的同时，亦暴露出若干问题，这些问题通常与教育人员对于资源优化整合的认知有关。此外，社会资源在思想政治教育中的有效运用需要各主体之间的密切配合、协调，而不是孤立地看待每个资源，因此，教育工作者需要转变观念，提高对资源整合重要性的认识，主动探索和创新思想政治教育的方法和途径。

在当前的高等教育体系中，大学生思想政治教育的实施在很大程度上依赖于课堂教学，思政课教师在其中发挥关键作用，这就导致部分任课教师产生认知偏差，认为思政教育工作与自己的教学任务关系不大，从而影响了思政教育功能的充分发挥。且思政教师对全员育人的认知也需要强化，应认识到协同的作用，强化主体之间的协同，高校也要认识到社会资源整合的重要性，建立健全奖惩机制，调动参与社会资源整合人员的积极性，同时增强思想政治教育工作者对整合社会资源的认识和理解。

（二）对社会资源的利用率有待提高

当前，高校之间的沟通和资源共享机制尚待建立健全，同时，对于社会资源的利用率还需提高。在实践中提升高校思想政治教育效果，高校须创新教育手段，主动开展社会实践活动与学术研讨，以优化社会资源的配置与利用，充分利用社会资源，实现社会资源的有机整合，提高社会资源的利用率，充分发挥其功能和效益。

高校在重视思想政治教育创新发展，让所有专业教师参与其中的同时，还需要对其进行明确分工，及时整合、使用社会资源，在教学内容安排上要重视其合理性与丰富性，在资源配置上更要重视其合理性，确保社会资源交流平台的构建与优化，全面提升社会资源利用效率。

二、整合涵盖层面与广度仍需拓展和深化

（一）社会资源整合的主体有待拓展

思想政治教育的成功实施需要坚实的专业学科作为基础支撑，缺乏学科支持的教育活动难以达成预期目标。在高等教育体系中，思想政治教育课程是公共必修课，它承载着高校思想政治教育的主要路径和关键阵地的角色。在这门课程的教学活动中，教师扮演着主力军的角色，直接参与日常的教学实践，负责对学生进行思想政治教育。除此之外，学校内部的党政领导、学术界的专家等，以及来自校外的各级领导干部、社会成员、同龄人等，共同构成思想政治教育的主力阵营，并且他们同样是社会资源整合的重要主体，若是忽视了他们的作用，就可能导致资源整合的主体趋于单一化，限制高校思想政治教育的深度和广度，也影响了教育的整体效果和质量。

在当代高校教育体系中，由于资源和能力有限，教育的主体和客体正经历着“去中心化”的转变。传统上，将思想政治教育的教师和学者视为

教育者，即教育主体，而将学生视为知识的学习者，即教育客体。然而，在思想政治教育的实践中，学生不仅仅是知识学习者，他们通过筛选、吸收和创新知识，对教育内容进行主动的审视和评价，这一过程中，学生实际上扮演了教育的“主体”，而教师则成了教育的“客体”。面对社会的快速变化，如果高校思想政治教育工作者仍然依赖于陈旧的知识体系，那么教育的发展将会受到阻碍。因此，高校需要组织教师参与专业培训和学习，适应时代的发展，在这个过程中，教师也成了学习者，即教育“客体”。这种转变有助于打破传统的教育模式，促进教育的多元化和个性化，但也需要注意保持教育的质量和教师的权威，避免过度“去中心化”导致教育目标的模糊和教育效果的下降。

（二）社会资源整合的范围仍需扩大

高校思想政治教育通常通过思政课程进行，这些课程是传授理论知识的主要途径，因此，思想政治理论课程占据了重要位置。为了适应时代的发展和学生的需求，高校的思想政治课程需要改变传统教学模式，探索新的教学策略，激发学生的主动性和参与度，实现教学的互动性和双向促进。深化思想政治教育理论课与社会资源的有机融合，高校需侧重于促进理论资源的全面融合。具体而言，思想政治课程应广泛融入爱国主义、社会主义核心价值观等主流意识形态的教学内容，还应融入心理健康教育、职业技能训练等内容，丰富课程内容并加强学生的理论基础。同时，教学方法的创新也是极为重要的，通过采用问题导向、互动参与、课堂讨论和多媒体教学等多样化的教学手段，可以更好地激发学生的学习热情，提高他们的课堂参与度，增强思想政治教育的吸引力和实效性。然而，如果仅仅关注社会资源的整合，而忽视了思想政治教育的其他重要方面，那么思想政治教育可能会过于侧重于理论讲授，不利于将理论与实践相结合，也难以有效促进学生在学习和实践中的统一发展。

高校思想政治教育的实施不仅局限于校园内，还需要社会和家庭的积极参与，这种教育不应仅被视为一门公共必修课程，它还承载着塑造人格、培养人才和促进个人成长的深远意义，这需要构建涵盖学校、社会和家庭的多维合作体系，以确保思想政治教育的全面性和有效性。思想政治教育的有效实施需要超越课堂的界限，渗透到学生的日常生活和社会实践中，同时也要融入家庭环境和网络空间。多平台共同发挥作用有助于确保教育内容的全面传达和深入理解。而当前高校认为教育工作主要的参与部门包括教学部、党委办公室以及党委学生工作处等直接与学生交流沟通的职能部门，这些职能部门专注于评估教学对学生成长的效用，但在增强社会、家庭及网络环境中的思想政治教育影响力方面仍有待加强，这也就而影响了思想引领功能的有效性发挥。

三、潜在资源的挖掘有待深化

（一）现代社会资源与思想政治教育融合度有待提高

当今，高校思想政治教育正面临着历史性的革新，互联网与新媒体等现代科技工具已成为影响其发展方向的关键方面。伴随着信息技术的飞速进步，移动终端和台式电脑成了大学生获取资讯、掌握知识、表达观念的主要平台，更是深化教育内容与方式融合的工具，极大地拓宽了他们的视野和认知范围。在这样的背景下，网络资源为教育提供了丰富的内容和便捷的途径，因此，将现代社会资源与高校思想政治教育有效整合，已经成为提升教育质量和效果的关键。然而，当前在整合社会资源的过程中，对于现代社会资源的整合深度还有待强化，这就影响了思想政治教育工作者对于现代社会资源的利用。

在现代教育领域，科技的融入被视为革新传统教学模式的创新因素，尤其是在思想政治教育领域，它应成为促进师生互动、增强教育效果的重要工具。如果高校在思想政治教育中未能有效创新，仍旧沿用传统教学方法，就可能无法充分利用现代科技的力量，缩短师生之间距离，甚至可能产生反效果，难以深层次地挖掘和整合现代社会资源。

在当前的教育环境中，现代技术与高校思想政治教育的深度融合显得尤为迫切，而从理论、实践到技术层面，这种融合的深度和广度都还有强化空间。在理论上，目前，不少学者将现代技术资源视为思政教学的辅助工具，这种观点影响了技术功能的发挥，难以实现与教育内容和方法的深度融合；在实践中，教育者对现代技术资源的理解和应用不够深入，影响了技术资源优势的发挥，当前的实践表明，教育者在运用现代技术资源时存在一定的困难，这在一定程度上对技术与教育的深度融合产生了影响；在技术上，现代技术资源与思想政治教育的融合不仅是技术与知识层面的结合，更是教育理念和方法的革新，目前，这种融合的程度不够深，亟须深化两者间的交融，以驱动高校思想政治教育改革与发展。

（二）资源整合内容与思想政治教育需有效联合

整合社会资源提升思想政治教育的质量和效果，是一项复杂而系统的工程。当前，高校在整合社会资源方面虽有所进展，但整体上仍有需要完善之处，特别是在思政教育社会资源整合与思政教育的系统联合方面，还需进一步强化。例如，在整合社会资源时，社会资源的协同利用不足将对资源共享的达成构成一定障碍，难以有效聚合成为强大的整体力量，长此以往，思政教育者在整合社会资源时就会陷入思维定式，依赖传统的宣教模式。

长期以来，思政课程的教师一直严格遵循教材进行教学，同时，高校的思想政治教育往往独立于其他课程教育，不与其他阶段的课程教学资源互联互通，这就在一定程度上影响了课程之间的衔接以及教学内容的活力，尽管重复教学在短期内有助于学生跟上进度，但长期来看，这种重复性教学难以实现深度学习，甚至可能产生反作用，更难以帮助大学生形成正确的世界观、人生观和价值观。因此，需要不断探索和利用多样化的社会资源，丰富教学内容，提高其吸引力和实用性，使思政教育更加贴近学生的生活实际，激发其活力，推动其发展更持久、更稳定。此外，此举亦将助力推动大中小学校思想政治课程体系的一体化进程，强化社会教育资源的协同整合，为高等教育领域的思想政治教育持续进步注入动力。

四、机制建设需体系化，精准度有待提高

（一）合作机制有待建立健全，社会资源整合精确性有待提高

高校思想教育旨在培养学生的道德观念、思想意识和政治素养，提升他们的整体素质和精神状态。随着“大思政”理念的不断推进，高校思想政治教育的资源整合和优化显得尤为重要。

在高校思想政治课程教学中担当核心角色的教师，需加强与包括校内校外党政干部、企业领导者以及社会成员在内的各类教育主体间的协作与交流，各主体间的合作机制仍需进一步完善，这是影响社会资源整合精确度的重要因素。人力资源与物力资源的整合配置还有完善空间，在思政教育设备使用培训和使用设备进行思政课教学方面还需强化。

社会资源整合聚焦于教育体系内的资源整合及跨领域有形与无形资源的集成。在高校开展思想政治教育的背景下，目前尚需加强对其社会功能及各社会资源协同作用的认识。为实现这一目标，建议构建一个高校思想政治理论教育的社会资源交流平台，以此来优化资源使用效率，并确保在实际应用过程中能及时获取反馈信息。

（二）对接机制仍需进一步完善，社会资源整合的精准度有待提高

社会资源对于高校思想政治教育的实施具有重要作用，当前的实践过程中仍面临若干挑战。首先是社会资源的管理问题，有效的社会资源管理对于实现思想政治教育的目标至关重要，管理不善可能导致资源的浪费，即便投入大量资源，也难以实现教育的预期效果。目前，社会资源的管理的科学性和有效性都需要加强，若是放任不管长期下去可能导致资源的无效使用和教育成效的降低。其次，高校与政府部门、企业、实践基地等社会资源的对接还需完善，虽然大量政策鼓励校企合作、校地合作、校社合

作，以促进实训中心、产学合作等项目的建立，提升学生的实操技能和专业能力，但在实际操作中，高校与企业的关注点存在差异，高校期望企业投入更多资源，而企业则对高校的服务能力存疑，这种偏差导致社会资源与思想政治教育对接的精准度不高。最后是高校内部的教学资源分配问题，尽管学工部、校团委、专业院系等教学主体有着共同目标，但在职责与任务的具体差异下，跨部门合作时经常遭遇沟通瓶颈。这种现象在尝试整合社会资源、深化思想政治教育实践过程中，无疑构成了明显的阻碍，这就间接影响了社会资源与教育工作的对接，对资源整合的精准度也产生了一定影响。

在日常管理中，尽管党委领导强调部门间的合作与沟通，但实际上，各部门沟通存在一定问题。同时，各部门在社会资源调配上的权限差异也可能导致信息传递的偏差，使得社会资源在思想政治教育中的运用偏离了既定目标。为此，有必要对现有社会资源实施全面整合与优化，以确保其能高效对接思想政治教育，防止资源分散与浪费，最大化地发挥社会资源在教育过程中的积极作用。

第四节　大思政视域下高校思想政治教育社会资源整合的优化策略

“大思政”这一理念侧重于全过程、全方位、全学科的特色教育指导思想，旨在全面深化教育改革。在不断发展变化的社会这一复杂体系中，思想政治教育资源展现出丰富的多样性和内在的复杂性。面对这样的背景，如何让社会资源更好地服务于思想政治教育，关键在于深度发掘并高效整合这些资源，提高教育成效，进而实现教育质量的新突破。社会资源不应被视为孤立和静态的存在，而应被理解为具有动态发展路径和相互影响的有机整体。因此，社会资源的整合和配置须经过精心设计，以确保它们能够有效服务于高校的思想政治教育。这需要关注资源的静态属性，应着重考量其演变趋势及其间的互动机制。借由这一途径，社会资本方能有效地转化为对高校思想政治教育产生实际助力的资源。为了推动这一进程，需要采取多元化的策略来优化和整合社会资源。

一、增加热度，调动各主体的能动性

（一）转变思想观念，树立主体的整合意识

在当前社会，有效利用社会资源对于提升思想政治教育的质量十分重要，教育人员需革新教学策略并激发个体主动性，持续改良思想政治教育手段，以达成教育目的并增强教育成果。思想政治教育的主体还应与时俱进，培育“大资源”意识，主动聚合及运用社会资源，促进协作效果，进而催化思想政治教育的变革与进步。

第一，校内外的党政领导应强化整合社会资源的意识，高度重视并推动社会资源的综合运用。为此，需制定相关政策，确保资源整合过程遵循制度化与规范化原则。同时领导者应当逐步更新观念，培养起对社会资源整合重要性的认知，以此为基点，提升资源的使用效率，进而优化和完善思想政治教育体系的构建。

第二，在高校思想政治教育领域，教师应秉持与时俱进的教学观念。作为教育的中坚力量，教师需深刻理解并实践整合社会资源的价值，这要求他们打破固有思维，引入启发性教学策略，强化师生之间的互动交流，扩充教育内容的广度与深度，以增强教学的实际应用和指导意义，最终实现“教书育人”。

第三，企业管理层及社会各界人士应共同培育整合社会资源的意识。除了教师之外，企业高管、杰出校友与外部专家的参与，能使教育活动更加多元与贴近现实，这些人士通过分享宝贵经验，可以对学生的思想形成正面引导。因此，他们同样需要与时俱进，增强资源整合能力，充实实践经验，以此优化教育活动，营造一个积极向上、资源丰富的学习氛围。

总的来说，学校党政领导、教师，以及企业高管、社会各界人士均应更新思维，培养资源整合意识。此举能够促进社会资源的持续利用与效能提升，通过思想的整合，形成对社会资源整合的共识对于理解思想政治教育的全面性和复杂性也非常重要，有助于制定有效的资源整合方案，推动资源实现整合。

（二）合理配置资源，增加社会资源的使用

在大思政背景下，高校思想政治教育若要实现革新与壮大，关键在于高效整合与优化现有社会资源，全面激发其在各教育阶段的积极作用。当前，高校在政治思想教育过程中运用的社会资源分布分散，且在资源开发与实践应用层面的主动性和规划性有待提升。为了提升教育效果，教育者需要在教育实践中深入思考并选择适合的社会资源，以实现资源的最大化利用，这涉及对资源进行细致的筛选和优化配置，确保每一项社会资源都能在教育过程中发挥其应有的作用。例如，在教育方法上，可以利用现代信息技术，来丰富学习方式；在教育内容上，可以将当前的时事热点和社会讨论话题纳入教学内容，提高课程的时效性和吸引力；在教学模式上，可以采取课堂内外相结合的方式，适应不同学生的需求。为了避免资源的浪费，教育者需要对各种社会资源进行深入分析，识别它们的相互联系和差异，并准确评估它们在教育实践中的具体作用，在此基础上，教育者要选择那些能够有效提升教育质量的社会资源，无论是单一资源还是多种资源的组合，都应以提高思想政治教育的有效性为目标。

在高校思想政治教育中，利用的社会资源类型及其效用存在差异，因此，深入分析与评估这些资源的作用显得极为重要。教育工作者应全面理解并掌握各类资源的独特性质与作用，确保它们能够在有限的条件下得到最优的配置和利用。

总的来说，高校思想政治教育社会资源的整合，需要扩大社会资源的覆盖面，为了确保资源的质量与使用效益，高校应当在宏观思政视角下，对高校的思想政治教育资源实施战略性布局及高效管理，充分挖掘并发挥

各种资源的潜力，以避免资源闲置，进而精准实现既定的思想政治教育目标。

二、拓宽广度，扩大整合的覆盖面

（一）增加社会资源整合的主体

高校思想政治教育的社会资源整合不应局限在思政教育工作者，而应扩大视野至校内外的党政领导、企业管理层、各界精英以及学生群体，在全面整合多源特色资源，构建一个多元化师资力量的“大师资”体系，促进思想政治教育的革新与进步，实现全方位、全过程、全员参与的“大思政”格局。第一，思想政治课程的教师与辅导员，凭借丰富的教育经验，与学生直接交流，深入了解学生的思想状态。他们的教育理念、知识底蕴、生活经历及教学技巧，都是不可或缺的社会教育资源，通过深入了解学生，他们能敏锐察觉思想动态变化，提供及时反馈与指导，帮助学生树立正确的价值观与道德观。因此，教师、辅导员及班主任等教育人员理应担当社会资源整合的核心角色。第二，大学生作为教育的接受者与参与者也具有影响力。当他们积极投入学习过程，进行自我探索与思考时，能够反哺教育者，激发新的教育灵感与实践路径，在这种互动模式下，学生不仅被塑形，也成为塑造教育过程的关键要素之一。第三，通过建立特聘教授与兼职教师机制及课外指导制度，实现校内外教育资源的有效补充。组织讲座、建设校企实训与思想政治教育基地，邀请社会各界知名专家及先进榜样入校，与学生直接互动，通过实践体验激发学生的深度思考，进而促进其思想境界的升华，引入校外党政领导、学者精英与模范典型，为思想政治教育注入新鲜动力与独特风格，确保培养目标的达成。

大思政背景下，除思政课教师、辅导员、班主任等教育工作者之外，校内外的党政领导、企业管理人员以及社会各界人士等亦应主动参与到大学生的思想政治教育过程中来，应当在学生的成长过程中，从不同阶段和不同角度出发，为学生的思想政治教育贡献力量。通过整合社会各界资源，将传统的思想政治教育课堂与社会实践相结合，可以有效地扩大教育资源的覆盖面，从而提升教育的整体效果，增强“大师资”效应，促进学生全面发展，最终目标是达成思想政治教育的目的。

（二）扩大社会资源整合的范围

社会资源整合的实质在于优化社会资源配置，增强资源间的协同效应，以促进学生学习活动的深度展开，实现学生思想认识的全面提升，该过程的核心目标是促进思想政治教育活动的高效与创新实施，确保其目标的全面达成，即实现全方位、全过程、全员参与的育人机制。为此，需要拓宽社会资源整合途径，不应仅局限于课堂教学，而应将视野拓展至校内外多样化实践平台，如运用校园设施（如实验室、图书馆）和外部资源（如历史博物馆、企事业单位），激发学生爱国情怀，助其通过实际体验深化对理论知识的理解与内化，进而实现知识向行动的转化，强化思想政治教育的育人成效。具体措施可以包括持续开展主题实践项目与红色教育旅行等特色活动，构建“大思政课”教学基地，探索现场教学模式。同时，高校需紧密围绕思政课程的目标与要求，通过组织志愿者服务、社会调研等实践环节，增强实践教学的实效性。此外，还需整合多部门力量，充分发挥各自优势，实现协同合作，共同推进思想政治教育的发展与优化。

高校大学生的成长和发展受到校园、家庭以及社会环境的共同塑造，尽管校园生活占据了他们日常生活的大部分，但家庭和社会对他们的影响同样不容忽视。因此，为了更有效地进行教育工作，须构建学校、家庭和社会三者之间的协同机制，发挥各自在教育过程中的独特作用，实现教育资源的最大化利用。在“大思政”观下，要构建涵盖学校、家庭和社会的全方位教育体系，实现资源的优化配置，通过优势互补，提升教育的整体效果。此外，还需要对跨领域的社会资源进行规划和整合，拓展思想政治教育的影响力，并推动其创新与发展。

为持续强化思想政治教育的实际成效，应拓宽社会资源的整合渠道，这是提升教育品质的关键路径，同时亦是驱动教育革新的重要策略。通过赋予社会资源整合更为显著的地位，可以有效激活创新潜能，加速资源整合的步伐，最大化资源的利用效率，最终践行“大思政”模式。

三、深度挖掘，丰富大资源内涵

（一）促进现代技术资源的融合

在“大思政”时代背景下，高校的思想政治教育须紧跟时代步伐，灵活应对社会变迁，不断探索并革新教育策略与手段。伴随着新媒体与科技的迅速崛起，新媒体不仅显著增强了思想政治教育的吸引力，而且提升了教育的实际效能，通过引入现代技术，思想政治教育的内容和形式能变得更加生动有趣，教育资源也得到了极大的丰富。

高校的思政课程作为思想政治教育的第一课堂，正逐渐转变其教学模式，更加注重与时代发展的紧密结合，积极探索如何有效利用现代技术资源，如信息化和网络化技术，以多样化的方式进行思想政治教育。首先，要利用现代科学技术的优势，构建“智慧课堂”旨在实现线上线下的教学整合，促进教师指导与学生自主学习的协同作用，从而扩大思想政治教育的空间。同时，引入更丰富的信息化和智能化教学工具与环境，创建互动性强、个性化的学习环境，提高学生的学习兴趣和参与度，从而提高思政课与现代社会资源的融合，创新教育方法和模式，更好地履行好高校立德树人的根本任务。

其次，在数字化时代，高校思想政治教育的实施需要积极拥抱网络和新媒体等现代技术手段，构建全面、高效的思政课教学和研究体系，创建互联互通、资源共享的思政课教学平台，为了深度整合现代技术资源与思想政治教育课堂，丰富教学内容，激发学生参与热情，构建全员、全过程、全方位的育人体系。例如，教育部积极推动“青梨派”大学生自主学习平台建设，同时开发高校思想政治课程教学创新中心资源库及教师基础数据库，以促进教育资源的广泛流通与共享。在此基础上构建全面覆盖的思政课程研究与教学体系，通过集成现代信息技术，营造智能型思想政治理论课堂环境。利用软硬件组合、大数据与云计算等先进科技手段，为师生提供了丰富多样的教学资源与互动教学服务，全面提升教学效果与质量。

最后，为了使思想政治教育更加生动和有效，教师需要将现代技术资源融到日常教学活动中，提高教育的吸引力和参与度，通过智能技术和数字技术构建的教育平台，增强学生的互动体验，使学生在不知不觉中接受教育，从而实现育人目标。例如，以讲解爱国主义为主题，思政教师借助“雨课堂”平台与 VR 技术，创新爱国主义教育途径。课前，教师需提前推送学习资料，设置启发性问题，激发学生主动收集及整理相关信息。同时，教师应关注当前热点，深入剖析爱国主义内涵，并精选典型案例与辅助材料进行准备。授课时，教师利用“雨课堂”的互动特性，与学生深入交流，运用 VR 营造沉浸式学习环境，使学生亲身体验，拉近理论与实践的距离。课后，通过在线社群，教师与学生展开讨论，解答思想困惑，掌握学习动态，据此调整后续教学计划。这样的沉浸式教学，将“大思政课”融入社会实际，显著提升高校思想政治教育的质量与效果，同时促进科技资源与思想政治教育的深度融合，拓展教育广度，强化高校思想政治教育的价值导向，使其在引导学生思想和行为方面发挥更加显著的作用。

（二）丰富社会资源整合的内容

在面对思政课程内容的长期稳定性和相对局限性时，教育者需不断扩展和丰富教学内容。为了连接理论与实践的桥梁，应当积极收集并整合社会实践中丰富多样的案例，以弥补教材与课堂教学之间的鸿沟。通过深度探索社会资源中蕴含的思想政治教育价值，运用创新的教学策略与工具，可以赋予思政课程更为丰富的层次与立体感，进而激发学生的学习积极性。高校应以当前时代背景下丰富多彩的社会实践活动为主导，充分利用本地文化特色、校园历史文化资源以及诸如建党精神、航天精神等重要元素，将其融到思政课程的教学之中。同时，引入英雄模范的事迹，使党的先进理论与历史知识与思政课程紧密结合，以期为思想政治教育注入新活力，促进理论与实践的无缝对接。特定的社会历史背景为思想政治教育资源的生成与存在提供了必要的条件，选用的社会资源内容须与“大思政”的理念相一致，紧跟时代步伐，确保教学内容的时效性和相关性，通过将最新的理论成果和思想价值及时准确地传递给学生，可以显著提升思政教育的现实性、针对性和说服力。

为了增强思想政治教育的实效性和吸引力，应当拓宽教育主体的范畴，充分挖掘和利用社会各界的教育资源，思政课教师、全体教育工作者，包括研究者、管理者、辅导员和服务人员，乃至学术界专家，均须接受系统培训与深入理论学习，强化其政治素养、拓宽视野、深化育人情感、优化思维模式，确保他们能更有效地传授知识。

综上，社会资源的整合须与时代发展同步，确保教学内容的时效性和吸引力，这要求教育者不断提升备课的质量，通过引入时代元素和创新教学方法，将传统的教学模式转变为更具吸引力和互动性的学习体验，激发学生的学习热情，使他们从被动接受知识转变为主动探索和参与。此外，加强思政教育工作者的专业培训和理论学习同样重要，通过系统的培训和学习，可以培养出具有深厚理论基础和专业知识的思政教育人才，这些人才将成为推动思政教育内容创新和教学方法改革的重要力量，不断更新和优化教学内容，使之更加贴近学生的实际需求和社会发展的需要，得以显著提升思想政治教育的实际效果。

四、确保准度，建立资源整合的机制

（一）加强合作，建立社会资源的合作平台

为了推进高等教育中的思想政治教育工作，各高校需从宏观高度审视未来发展方向，确立明确的教育目标，确保思想政治教育的内容与方法兼具前瞻性和实用性。当前，高校应致力于促进各类社会资源的互联互通与

整合优化，最大限度地发挥这些资源整合的效用。

首先，为了促进智慧教学与思想政治教育的融合，高校应当着手建立一套合作机制，通过充分利用国家智慧教育平台，以数字化和智能化手段推动思政教育的创新、质量提升。例如，湖北省通过挖掘其丰富的文化和精神资源，以及地域优势，建立了包含教学素材和在线示范课程的资源库，推动了省内中小学思政课程的精品化建设，通过智慧教育平台实现了优质教学资源的共享与互选，超星学习通与智慧树等学习工具被融合进课堂，推动了社会资源的共建与共享，对思政教育产生革新效应。其次，高校应整合并优化社会资源，搭建一个多部门协作、多角度投入、全方面覆盖的合作平台。思政教育是一个牵涉到高校、家庭及社会三方面共同参与的过程，因此，强化这些领域的密切协作至关重要。学校可构建家校共育机制，增强与家长的沟通，让家长了解学生的思想动态和生活情况，发挥家长的积极作用。同时，高校应深化与企业和社会的合作，借助校企合作、校地联动以及校社协作等方式，促进社会资源的有效整合，让大学生积极参与，提升其思想政治素养和实践能力，拓宽其视野。最后，高校应联合校内外的宣传机构创建教育宣传云端平台。通过举办以“思政课”为主题的宣传活动，鼓励师生创作音乐、短视频等内容，形成资源共享、在线互动的“大思政”云平台，增强教育的传播力，加强教育云平台的功能集成，全面推动教育创新与发展。

综上，为了实现思想政治教育的深度发展和广泛影响，高校须采取创新策略，促进社会资源的有效整合、利用，这涉及资源的简单聚集，更关键的是构建能够促进资源互补、合作共赢的平台，促进不同领域之间的交流与合作，实现资源共享和优势互补，通过创新引领高校思想政治教育的发展，充分释放其育人的功能，以深化教育内涵，让思想政治教育触及人心。

（二）精准对接，构建社会资源的保障机制

在中国高校思政教育领域，已形成了包括党政工团在内的多部门协同合作的运行体系，然而在推动社会资源与高校思想政治教育的有效融合过

程中，仍存在一系列难题。鉴于此，有必要制定并实施一系列策略，提升社会资源的整合效能，实现精准匹配，聚合多元力量，最大限度地激发社会资源整合的协同作用。

首先，领导体系全面化。思想政治教育具有多层面性与广泛参与性，其发展需各方协力。在大学举办重大仪式或邀请先进人物、开展学术活动时，强化对教育者的统一领导尤为重要。这要求统筹各机构职能，明确职责，合理分配任务，确保责任落实到个人，形成协同效应。在整合社会资源中，要避免资源浪费，保证教育过程有序进行。同时，深化师生间合作，促进双向交流，对于教育活动的顺畅开展意义重大，此举能最大化挖掘社会资源潜力，激发思想政治教育内部动力，推动其创新与成长。

其次，形成紧密有效的协调机制。高校思想政治教育的成果受到本地社会、地方政府对高校所供给的社会性学习资源与实践平台的影响，为此，现代高校亟须引入创新策略，强化校地间的协同合作，有效整合并运用地方特色的资源，深度嵌入高校的思想政治教育体系之中。与地方政府、企业、社区等建立长期稳定的合作关系，共同开发和利用地方资源，为学生提供更多实践和学习的机会，建立社会实践基地，使学生在参与社会实践的过程中加深对思想政治理论的理解和认识。通过建立资源共享平台，促进校企合作、校地合作、校社合作，实现资源的互补、共享，为学生提供更多元化的学习和发展机会。

最后，推行激励机制的建立。激励机制在思想政治教育成效提升与社会资源整合中发挥着重要作用，因此，高校推进思想政治教育的革新与发展需对在该领域取得一定成就的教师给予相应的物质激励。同时，高校应设立专项基金，激励教育工作者有效集成及运用社会资源，丰富思想政治课程内容，并为高校智库的构建与研究活动提供必要的资金支持。此外，高校还应加大对思政教师参与学术交流、实践培训和教学研讨会的资助力度，以深化和拓宽教学实践的范畴。为了培养思想政治教育人才，高校可启动“思政教师队伍后备人才培养计划”，设立专项基金表彰在思想政治教育方面作出特别贡献的教育工作者。

参考文献

[1] 于建荣 . 大思政：大国复兴的精神之钥 [M]. 北京：东方出版社，2022.

[2] 江西环境工程职业学院“大思政课”建设成果编撰小组 . 新时代红土地上“大思政课”的探索与创新 [M]. 南昌：江西高校出版社，2022.

[3] 杨飞 . 大思政视域下高校思政政治工作质量提升研究 [M]. 南京：东南大学出版社，2024.

[4] 李大凯，刘金鹏 . 一线教师谈大思政背景下的思想政治教育 [M]. 天津：天津人民出版社，2020.

[5] 张建彬 . 新时代大学生思政教育工作理论研究 [M]. 长春：吉林大学出版社，2023.

[6] 李君霞，龙黎 . 大学生思政教育教学实践与改革研究 [M]. 长春：吉林大学出版社，2023.

[7] 王阿敏 . 大思政课理念霞大学生文化自信教育研究 [M]. 哈尔滨：哈尔滨工程大学出版社，2023.

[8] 周巍 . 湖北高校推进大思政课建设的新趋势与新路径研究 [M]. 北京：团结出版社，2023.

[9] 温永平 . 新时代“大思政课”建设视域下协同育人机制构建研究 [M]. 昆明：云南大学出版社，2024.

[10] 桑雷，陈薇薇 .“大思政课”视域下思政小课堂与社会大课堂深度结合研究 [M]. 上海：上海财经大学出版社，2023.

[11] 于梦衍 .“大思政课”背景下思想政治教育学案汇编 [M]. 北京：经济科学出版社，2023.

[12] 郭娟娟 . 新时代高校思政课教学模式改革研究 [M]. 合肥：合肥工业

大学出版社，2022.

[13] 周艳红．“三全育人”视域下高校“大思政课”新格局构建研究 [D]. 南昌大学，2023.

[14] 李杨．“大思政课”视域下高校思政课教学存在的问题与对策研究 [D]. 武汉工程大学，2023.

[15] 岳祺．“大思政课”视域下大学生家国情怀培育研究 [D]. 兰州大学，2023.

[16] 郑朋娟．“大思政课”视域下高校大学生铸牢中华民族共同体意识研究 [D]. 大理大学，2023.

[17] 郭丽艳．新时代高校“大思政课”建设现状与路径研究 [D]. 江西师范大学，2023.

[18] 彭茂超．新时代高校“大思政课”建设研究 [D]. 四川农业大学，2023.

[19] 吕林栖．高校“大思政课”建设研究 [D]. 河北科技大学，2022.

[20] 刘书红．新时代高校“大思政课”实现路径研究 [D]. 长江大学，2022.

[21] 于元．新时代高校“大思政课”建设研究 [D]. 上海财经大学，2023.

[22] 郑美娟．“大思政课”的理论内涵与建设对策研究 [D]. 华中师范大学，2023.

[23] 黄佳缘．“大思政”视域下高校思想政治工作协同育人研究 [D]. 华东师范大学，2023.

[24] 彭庆红．数字化推动“大思政课”建设的依据、原则与路径 [J]. 思想理论教育导刊，2023（11）：96–104.

[25] 康丹丹，温小平．“大思政课”建设背景下思想政治教育空间变革与优化 [J]. 黑龙江高教研究，2023，41（11）：114–119.

[26] 张诗博．人工智能赋能高校“大思政课”的理论逻辑、价值意蕴与实践路径 [J]. 现代教育科学，2024，（01）：73–79.

[27] 程智龙，胡世怡，郝晓红．善用“大思政课”传承红色基因：要素、

价值、路径 [J]. 北京联合大学学报，2024，38（01）：24–28.

[28] 赵奇钊，陈有志，陈丹丹 . 挖掘、整理和征编红色资源融入“大思政课”的时代价值研究 [J]. 图书馆，2024（03）：106–111.

[29] 林于良 . 高校“大思政课”实践教学改革的意义和策略 [J]. 江苏经贸职业技术学院学报，2023（06）：86–89.

[30] 牛帆，李一冉 .“大思政课”视域下“师生四同”育人模式的内涵阐释 [J]. 黑龙江教育（高教研究与评估），2024（02）：68–71.

[31] 贾聪聪，刘琪 .“大思政课”视域下高校思政课实践教学创新路径探究 [J]. 湖北开放职业学院学报，2024，37（02）：26–27+33.

[32] 梅纪萍，周建祥 .“大思政课”视域下“五维协同”育人模式研究 [J]. 江苏高教，2024（02）：103–107.